Alles klar!

Lern- und Übungsheft

Texte schreiben 9|10

Neue Ausgabe

Erarbeitet von

Lilli Gebhard,
Ina Muñoz und
Anne Neudeck

Cornelsen

Textquellenverzeichnis

S. 8: Wer Mut beweist ... Aus: Christian Nürnberger: Mutige Menschen – für Frieden, Freiheit und Menschenrechte. Stuttgart/Wien: Gabriel Verlag (Thienemann Verlag GmbH) 2008, S. 11 f. **S. 12 f.:** Steckbrief Argentinien. Nach: http:www.ealem.mrecic.gov.ar/de/node/3572 [13. 8. 2012]. **S. 13:** Voraussetzungen für den Schüleraustausch. Nach: http://www.experiment-ev.de/programmeweltweit/schulbesuch-weltweit?country=argentinien [13. 8. 2012]. **S. 28:** Voss, Jens: Surfen statt denken. Aus: Rheinische Post. 21. 9. 1999. **S. 36 f.:** Schmid, Eva Dorothée: Große Freiheit oder Hotel Mama? http://www.spiegel.de/unispiegel/studium/wohnen-grosse-freiheit-oder-hotel-mama-a-150504.html [13. 8. 2012]. **S. 38 f.:** Coelho, Paulo: Von Büchern. Aus dem Brasilianischen von Maralde Meyer-Minnemann. Aus: Diogenes Magazin Nr. 9 (2011), S. 17 f. **S. 40 f.:** Rede von Şemiya Simşek auf der Gedenkfeier für die Opfer der Zwickauer Terrorzelle. Aus: http://www.thueringer-allgemeine.de/web/zgt/politik/detail/-/specific/Rede-von-Semiya-Simsek-auf-der-Gedenkfeier-fuer-die-Opfer-der-Zwickauer-Terrorze-551783021 [13. 8. 2012]. **S. 48 f.:** Weiß, Konrad: Ich schäme mich. Aus: http://www.zeit.de/1992/44/bonner-toene [13. 8. 2012]. **S. 51 ff.:** Rede von Bundeskanzlerin Angela Merkel bei der Gedenkveranstaltung für die Opfer rechtsextremistischer Gewalt (23. 2. 2012). Nach: http://www.bundesregierung.de/Content/DE/Rede/2012/02/2012-02-23-bkin-gedenkveranstaltung.html?nn=430032 [13. 8. 2012]. **S. 55 ff.:** Bolliger, Max: Sonntag. Aus: Wir leben von der Hoffnung. Gedanken, Gedichte, Erzählungen für junge Menschen unserer Zeit. Hrsg. v. Hans Frevert unter Mitarbeit von Wolfgang Klein. Baden-Baden: Signal-Verlag 1985, S. 54 f. © Max Bolliger. **S. 65 ff.:** Drawe, Anna: Im Warenhaus. Aus: Vorlesebuch Religion. Göttingen: I. Ò. Vanderhoeck & Ruprecht 1971, S. 236 f. **S. 68 f.:** Wohmann, Gabriele: Grün ist schöner. Aus: Dies.: Sieg über die Dämmerung. Erzählungen. München: R. Piper & Co. Verlag 1974, S. 147. **S. 70:** Kaléko, Mascha: Für Einen. Aus: Dies.: Das lyrische Stenogrammheft. Kleines Lesebuch für Große. Hamburg: Rowohlt 1956, S. 94. **S. 78:** Meyer, Conrad Ferdinand: Zwei Segel. Aus: Ders.: Sämtliche Gedichte. (Nach dem Text der historisch-kritischen Ausgabe, bes. von Hans Zeller und Alfred Zäch, Bd. I, Bern 1963.) Stuttgart: Reclam 1978, S. 19. **S. 80:** Borchert, Wolfgang: Muscheln, Muscheln. Aus: Ders.: Das Gesamtwerk. Mit einem biographischen Nachwort von Bernhard Meyer-Marwitz. Reinbek: Rowohlt 1980, S. 17. © 1949 Rowohlt Verlag GmbH, Hamburg.

Bildquellenverzeichnis

S. 12 © Jürgen Priewe-Fotolia.com **S. 28** © fatman73-Fotolia.com **S. 32** © Pixelspieler-Fotolia.com **S. 39** picture-alliance/Photoshot, Frankfurt a. M. **S. 40** picture-alliance/dpa ©epa, Frankfurt a. M. **S. 49** picture-alliance/ ZB, Frankfurt a. M. **S. 53** picture-alliance/dpa, Frankfurt a. M. **S. 80** © maho-Fotolia.com

Redaktion: Ulrike Häfner
Bildrecherche: Angelika Wagener
Illustrationen: bildbad – Jutta Melsheimer und Kai Hofmann, Berlin
Umschlaggestaltung: Cornelsen Verlag Design
Layout und technische Umsetzung: Wladimir Perlin, Berlin

www.cornelsen.de

Dieses Werk berücksichtigt die Regeln der reformierten Rechtschreibung und Zeichensetzung. Bei den mit [R] gekennzeichneten Texten haben die Rechteinhaber einer Anpassung widersprochen.

1. Auflage, 7. Druck 2025

Alle Drucke dieser Auflage sind inhaltlich unverändert und können im Unterricht nebeneinander verwendet werden.

Druck: Drukarnia Dimograf Sp. z o.o., Bielsko-Biała

ISBN 978-3-464-60466-3

PEFC-zertifiziert
Dieses Produkt stammt aus nachhaltig bewirtschafteten Wäldern und kontrollierten Quellen
www.pefc.pl
PEFC
PEFC/32-31-076

Inhalt

So arbeitest du mit dem Heft:

Strategien

Hier lernst du, wie du beim Schreiben von Texten vorgehst und welche Strategien dir beim Schreiben helfen.

Übungen

Hier kannst du selbstständig üben.

→ **Schritt 1** verweist dich auf die Schritte im Strategieteil.

Im Lösungsteil findest du Musterlösungen.

Teste dich!

Mit den Checklisten kannst du deine selbst geschriebenen Texte überprüfen.

Anwenden und vertiefen

○● Hier kannst du weiterüben, wenn du **noch nicht so sicher** beim Schreiben deiner Texte bist.

●● Hier kannst du weiterüben, wenn du schon **sehr sicher** beim Schreiben deiner Texte bist.

Merkwissen im Überblick

findest du auf den Innenseiten des Umschlags.

Schritt 1: Die Schreibaufgabe klären

Beim **Verfassen** eines **Textes** musst du zuerst die **Schreibabsicht** bzw. die **Funktion** des Textes klären.

Thema:	**Worüber** schreibst du? Was ist **deine Meinung** zum Thema?
Adressat:	An **wen** richtet sich dein Text? • Wie alt sind deine Adressaten? In welcher Beziehung stehst du zu ihnen? Spielen sie eine bestimmte Rolle, die wichtig sein könnte (z. B. jüngere Schüler, Eltern, Lehrer, Politiker)? • Was wissen sie bereits über das Thema?
Ziel:	Was soll dein Text **bewirken?** Willst du **informieren, unterhalten, zum Nachdenken anregen** oder **zum Handeln auffordern?**
Schreibform:	Erzählen, Erörtern, Analysieren, Beschreiben, Argumentieren

1 Lies die folgenden Schreibanlässe und bestimme die im Merkkasten genannten Punkte.

a) Als Journalist analysierst du für eine Tageszeitung eine aktuelle politische Rede.

Thema: ______________________

Ziel: ______________________

Adressat: ______________________

Schreibform: ______________________

b) Du bist Schülersprecher/in und willst die Schulleitung in einem Vortrag davon überzeugen, dass der Pausenraum neu gestaltet werden muss.

Thema: ______________________

Ziel: ______________________

Adressat: ______________________

Schreibform: ______________________

c) Für einen Literaturkreis in der Schule bereitest du eine Gedichtinterpretation zu C. F. Meyers Gedicht „Zwei Segel“ vor.

Thema: ______________________

Ziel: ______________________

Adressat: ______________________

Schreibform: ______________________

Schritt 2: Planen

Vor dem Schreiben solltest du einen Schreibplan erstellen. Dafür musst du **Ideen und Informationen sammeln.** Zuerst notierst du **deine eigenen Ideen.** Als Zweites untersuchst du den vorgegebenen Text genau, z. B. auf Ideen, Argumente und auf sprachliche Mittel. Wenn es sich um einen Sachtext oder eine Rede handelt, kannst du abschließend **zusätzliche Informationen** in der Bibliothek oder im Internet recherchieren. Anschließend musst du aus dieser Sammlung die wesentlichen **Informationen für deinen Text auswählen und ordnen.**

1 Ordne die folgenden Arbeitsschritte den Schreibformen in der Tabelle zu.

Tipp
Mehrfachnennungen sind möglich.

- zusätzliche Informationen beschaffen
- Pro- und Kontra-Argumente entnehmen
- die Kommunikationssituation feststellen
- die Redeabsicht erkennen
- Mittel der Beeinflussung erkennen
- zu Argumenten Stellung nehmen
- Redestrategien aufdecken
- den Erzähler bestimmen
- Stilmittel bestimmen und deuten
- die Form bestimmen
- die Gefühlslage einer Figur untersuchen
- Pro- und Kontra-Argumente entwickeln

informierende Texte	
dialektische Erörterung	
textgebundene Erörterung	
Redeanalyse	
Interpretation eines Erzähltextes	
Interpretation eines Gedichts	

Ideen und Informationen sammeln

2 Lies den folgenden Textauszug aus dem Buch „Mutige Menschen – für Frieden, Freiheit und Menschenrechte“ von Christian Nürnberger.

Wer Mut beweist, riskiert etwas, gefährdet sich, setzt seine Karriere aufs Spiel, seine Gesundheit, seine Freiheit, sein Leben. Er riskiert den Bruch mit seiner Familie, mit Freunden, mit Traditionen, nimmt Liebesentzug in Kauf, Drohungen, Spott und Verletzungen. Und in dem Moment, in dem er das tut, kann er nie wissen, ob sich der Einsatz lohnt, ob er zum Erfolg führt. Aber Erfolg, der „Lohn“, ist nicht das höchste Ziel des Mutigen. Vielmehr zeigt er Mut, weil er davon durchdrungen ist, dass bestimmte Werte – Würde, Anstand, Frieden, Freiheit, Wahrheit, Gerechtigkeit – unbedingt gelten müssen, und im Extremfall kann dieses unbedingte Festhalten an bestimmten Werten das eigene Leben kosten. Dieses Risiko nicht einzugehen, liegt in der Natur des Menschen. [...] Immer dort, wo ein Samenkörnchen Mut in den Boden fällt und ausnahmsweise mal aufgeht, verändert sich die Welt. Am Anfang jeder Weltveränderung steht meist ein Mutiger. Oder der Mut einer kleinen Gruppe. Der Mut, sich seines eigenen Verstandes zu bedienen. Der Mut, einfach die Wahrheit auszusprechen. Der Mut, einer Übermacht die Stirn zu bieten. Der Mut, sich einen neuen Weg zu bahnen. Der Mut, die Dinge anders zu sehen. Der Mut zur Umkehr. Der Mut, etwas Neues zu wagen. Der Mut zu einem Umweg. Der Mut, sein Leben in die eigene Hand zu nehmen. [...]

3 Wenn du einen Text genau untersuchst, musst du dir vorher klarmachen, ob du den Text analysieren sollst oder ob du Stoff für eine Erörterung brauchst. Entscheide dich zwischen ↗ Aufgabe a, b oder c.

a) Du schreibst eine Textanalyse. Markiere wichtige Textpassagen mit einem Textmarker und mache dir in deinem Heft Notizen.

b) Du schreibst eine textgebundene Erörterung. Sammle Informationen aus dem Text in einer Mindmap.

ein Risiko eingehen

für andere einstehen — **Mut** — *sich in Gefahr begeben*

... ...

c) Du schreibst eine dialektische Erörterung zu der Frage:

Sollte man sich selbst hohen Gefahren aussetzen, um anderen zu helfen?

Sammle Pro- und Kontra-Argumente in einer Tabelle. Schreibe in dein Heft.

Informationen auswählen und ordnen

Bevor du deinen Text schreibst, musst du die gesammelten **Informationen ordnen.** Überlege dir eine **sinnvolle Gliederung.** Beachte dabei immer **Thema, Adressat, Ziel und Schreibform.**

4 Arbeite entsprechend der ↗Aufgabe 3 (Seite 10) bei a, b oder c weiter.

a) Du schreibst eine Textanalyse. Ergänze die Tabelle stichpunktartig.

Beobachtungs-schwerpunkt	Beschreibung	Textstellen (gekürzte Zitate mit Zeilenangaben)
Inhalt		
Argumentations-weise		
Beeinflussung der Leserin / des Lesers		
sprachliche Besonderheiten		

b) Du schreibst eine textgebundene Erörterung. Dazu kannst du deine Analyse entweder im Block oder im Wechsel strukturieren.

im Block

Analyse der Themen des Textes
eigene Stellungnahme zu den einzelnen Thesen

im Wechsel

Analyse Textthese 1
↘ eigene Stellungnahme
↙ Analyse Textthese 2
↘ eigene Stellungnahme

Tipp
Ausführliche Erläuterungen zum Sanduhr-Prinzip und zum Reißverschluss-Prinzip stehen auf ↗ S. 20 im Kapitel *Eine dialektische Erörterung schreiben*.

c) Du schreibst eine dialektische Erörterung. Dazu kannst du deine und die gegnerischen Argumente entweder im Sanduhr-Prinzip oder im Reißverschluss-Prinzip gliedern.

Sanduhr-Prinzip

Gegenposition
Argument 1
Argument 2
eigene These
Argument 1
Argument 2

Reißverschluss-Prinzip

eigene Position	**Gegenposition**
Argument 1	
	Gegenargument 1
Argument 2	
	Gegenargument 2

Schritt 3: Schreiben

Beim Schreiben eines Textes musst du immer die **Adressaten,** die **Schreibform** und das **Schreibziel** beachten, denn davon hängt neben dem **Inhalt** auch die **Wortwahl** deines Textes ab.

1 Welche Formulierungsbausteine sind typisch für eine Textanalyse, welche würdest du eher in einer Erörterung verwenden? Ordne die Formulierungsbausteine den Kategorien auf ↗ Seite 11 zu.

Der Autor setzt sich mit der Frage ... auseinander; die Kernthese des Textes lautet ...; das wichtigste Argument ist ...; die ... machen die Leserin / den Leser zum Betroffenen; durch die Wiederholungen wird die Leserin / der Leser auf ... aufmerksam gemacht; in dem Text geht es darum, dass ...; mit seiner Argumentation verfolgt der Redner das Ziel ...; allerdings muss man auch sehen, dass ...; Schlussendlich ...

Textanalyse

Hauptaussage des Textes: ______

Inhalt: ______

Argumentationsweise: ______

Beeinflussung der Leserin / des Lesers: ______

sprachliche Besonderheiten: ______

Erörterung (dialektisch oder textgebunden)

These: ______

Argumente: ______

Gegenargumente: ______

Schlussfolgerung: ______

2 Verfasse den Hauptteil deiner Textanalyse oder Erörterung zu dem Text von Christian Nürnberger. Nutze die Vorarbeiten aus den Schritten 2 und 3. Schreibe in dein Heft.

Schritt 4: Überarbeiten

Beim **Überarbeiten** eines Textes überprüfst du alle Punkte, die du auch beim Schreiben beachten sollst. Gehe dabei so vor:

1. Lies deinen Text noch einmal und prüfe den **Inhalt.** Markiere am Rand, wo Informationen fehlen und wo die Reihenfolge verändert werden muss.
2. Lies den Text ein zweites Mal und prüfe den **Ausdruck.** Unterstreiche unpassende Formulierungen und unnötige Wortwiederholungen mit einer Schlangenlinie.
3. Lies den Text ein drittes Mal und korrigiere **Grammatik** und **Rechtschreibung.**

Verwende die Korrekturzeichen auf der hinteren Umschlagklappe.

Hinweis
Jedes Kapitel schließt mit einer ausführlichen Checkliste ab, mit der du deine Texte selbstständig überprüfen kannst.

Übungen

Informierende Texte schreiben

Schritt 1 ←

Die Schreibaufgabe klären

Ein **informierender Text** enthält Daten, die den Leser über **bestimmte Sachverhalte** in Kenntnis setzen sollen (z. B. eine Statistik, ein Diagramm, eine Studie) oder **Wissenswertes** über bestimmte Dinge, Orte, Verhaltensweisen **bereitstellen** (z. B. Gebrauchsanweisungen, Reiseführer, wissenschaftliche Texte).

1 Deine Schule hat eine Schulpartnerschaft mit der Escuela Tacuarendí in Santa Fe, Argentinien. Verfasse für deine Schülerzeitung einen Bericht über den Schüleraustausch und die Stadt Santa Fe.

2 Benenne passend zur Aufgabe den Adressaten, das Thema, das Ziel und die Schreibform.

Adressat: ____________________

Thema: ____________________

Ziel: ____________________

Schreibform: ____________________

Schritt 2 ←

Planen

1 Entnimm den Materialien über Santa Fe und Argentinien auf den folgenden Seiten die Informationen, die du für wichtig hältst und in deinen Bericht einfließen lassen möchtest. Gehe dabei so vor:

a) Markiere wichtige Textstellen und notiere in Stichworten, welche Informationen du bekommst. Schreibe relevante Informationen aus den Diagrammen auf ↗ Seite 14 stichpunktartig auf.

b) Ergänze deine Informationssammlung mit weiteren Informationen aus der Schulbibliothek oder aus dem Internet.

Steckbrief Argentinien

Hauptstadt: Buenos Aires (2.891.082 Einwohner)
Amtssprache: Spanisch
Währung: Peso
Staatsform: präsidiale Bundesrepublik
Präsidentin: Cristina Fernández de Kirchner

Lage: Südamerika
Fläche: 2.791.810 km^2
Küstenlänge: 4.986 km
Einwohnerzahl: 40.091.359
Einwohnerzahl/km^2: 14,4

Die Stadt Santa Fe

Santa Fe ist mit etwa 370.000 Einwohnern eine der größten argentinischen Städte und liegt im Nordosten des Landes. Sie liegt am Paraná, einem großen Strom, der in Brasilien entspringt und sich über fast 4.000 km durch den Norden Südamerikas erstreckt. Santa Fe ist eine Studentenstadt, aber auch viele Touristen kommen hierher. Besonderes Markenzeichen ist die Hängebrücke über den Paraná, die besonders nachts ein Blickfang ist.
Der Fluss wird gesäumt von einer langen, wunderschönen Strandpromenade, an der sich besonders in den Sommermonaten von November bis Februar das öffentliche Leben abspielt. Hier kann man die Jugendlichen beim täglichen Strandbesuch beobachten und abends bieten zahlreiche Bars, Restaurants und Tanzlokale ein absolutes Urlaubsgefühl, nicht nur für Jugendliche.
In den Nachmittagsstunden sieht man häufig ältere Argentinier an der Promenade sitzen und Mate trinken. Mate ist ein Nationalgetränk in vielen lateinamerikanischen Ländern. In Argentinien ist es aus dem Alltag eines jeden, der dort längere Zeit lebt, kaum wegzudenken. Mate wurde bereits von den Ureinwohnern lange vor der Kolonialisierung durch die Europäer getrunken und ist neben dem Tango und den Gauchos, die bis heute im Gebiet der Pampa Viehzucht betreiben, eines der Markenzeichen Argentiniens.

Voraussetzungen für den Schüleraustausch

Das argentinische Schulsystem ist in drei Teile gegliedert. Im Alter von 16 bis 18 Jahren besuchen die Schüler das Spezialisierungslevel (naturwissenschaftlich, sozialwissenschaftlich, technisch und wirtschaftlich orientiert) mit den Klassen 1, 2 und 3, die den deutschen Klassen 10, 11 und 12 entsprechen. Die Austauschschüler werden in die 2. Klasse eingestuft. Typische Fächer sind Fremdsprachen, Mathematik, Sozialwissenschaften, Naturwissenschaften, Technologie und Kunst. Die meisten Schulen bieten Sport und andere Freizeitmöglichkeiten an.
Das Schuljahr ist in Trimester aufgeteilt. Es beginnt Anfang März und endet Ende November. Teilnehmer, die im Juli anreisen, werden problemlos in das laufende Schuljahr integriert. An den meisten Schulen gibt es eine Schuluniform.
Voraussetzungen zur Teilnahme am Programm:

- Alter zwischen 14 und 18 Jahren zum Zeitpunkt der Einreise
- Grundkenntnisse in der Landessprache bis zur Einreise
- gute allgemeine schulische Leistungen
- Anpassungsfähigkeit, Aufgeschlossenheit, gute physische und psychische Verfassung
- Bereitschaft, der neuen Umgebung (Schule und Familie) Informationen und Eindrücke von Deutschland zu vermitteln

Teilnahme am Schüleraustausch 2009–2011

Anzahl der Schülerinnen und Schüler an deiner Schule, die bisher am Austauschprogramm mit der Escuela Tacuarendí in Santa Fe teilgenommen haben.

	Klassenstufe 9		Klassenstufe 10	
	Mädchen	Jungen	Mädchen	Jungen
2009	6	2	9	7
2010	8	4	9	3
2011	7	8	11	5

Erfahrungsberichte

Das Austauschprogramm hat mir …

- sehr gut gefallen.
- gut gefallen.
- eher gut gefallen.
- nicht so gut gefallen.
- weiß nicht / keine Angabe

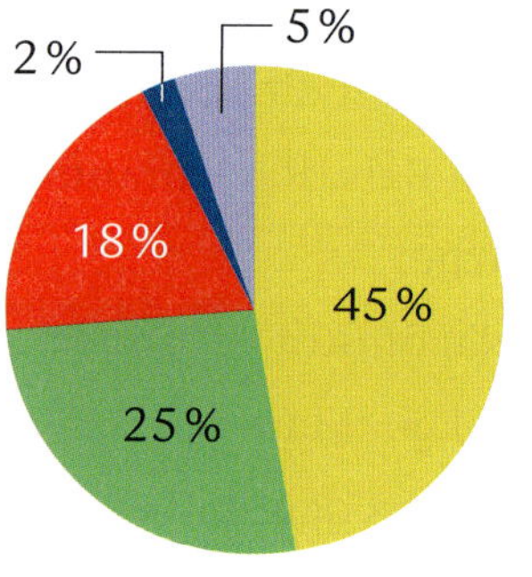

Während meines Austauschjahrs in Santa Fe habe ich …

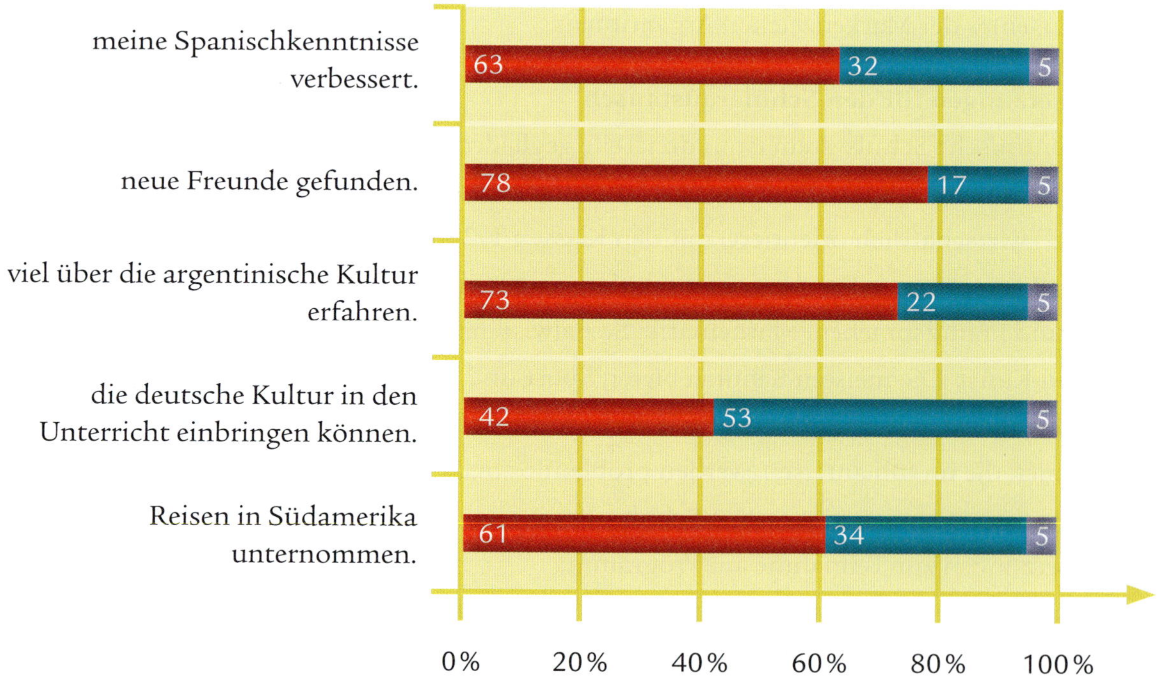

Angaben in Prozent: stimme zu, stimme nicht zu, weiß nicht / keine Angabe

Befragte: 50 Mädchen und 29 Jungen aus der 9. und 10. Klasse, die zwischen 2009 und 2011 am Schüleraustausch mit der Escuela Tacuarendí teilgenommen haben.

2 **a)** Ordne deine Notizen nach Themen, z. B. Informationen über Land und Leute oder Informationen über das Schulsystem.

b) Ordne die Informationen dabei nach Wichtigkeit, indem du sie nummerierst: 1 = sehr wichtig, 2 = etwas weniger wichtig, 3 ...

3 Verfasse eine Gliederung für deinen Text. Beachte dabei immer Adressat, Thema, Ziel und Schreibform. Gehe dabei so vor:

a) Einleitung: Schreibe in einem Satz auf, worum es in deinem Text hauptsächlich gehen soll.

Mit meinem Text möchte ich meine Mitschülerinnen und Mitschüler darüber informieren, dass ...

b) Hauptteil: Überlege dir, was du deinen Leserinnen und Lesern mitteilen möchtest. Verfasse dafür ganze Sätze mit deinen Ideen.

Mein Text soll über ... informieren. Er soll bei den Leserinnen und Lesern das Interesse für ... wecken.

c) Schluss: Überlege dir, wie dein Text enden soll. Mache dir Notizen.

Ich möchte meine Mitschüler über das Land Argentinien informieren. / Ich möchte sie für einen Schüleraustausch begeistern ...

Schritt 3 ←

Schreiben

1 Bearbeite die ↗ Aufgaben a bis c bevor du deinen Text schreibst.

a) Wähle eine passende Überschrift für deinen Bericht. Formuliere eine oder zwei Ideen.

b) Denke gut über den ersten Satz nach. Er entscheidet häufig, ob deine Leser den Bericht weiterlesen wollen. Schreibe deinen ersten Satz auf.

c) Lies den folgenden Kasten. Die Konjunktionen und Formulierungsbausteine kannst du in deinem Hauptteil verwenden.

wobei, obwohl, weshalb, daher, und, oder, entweder ... oder, auch wenn, damit, wodurch ...
Erstaunlicherweise ...; Vielmehr ...; Zwar ...; Allerdings ...; Dennoch ...
Es ist jedoch zu bedenken, dass ...; Im Übrigen ...; Zudem ...; Hinzu kommt, dass ...
Am wichtigsten ist, dass ... / Dabei ist nicht unumstritten, dass ..., denn ... / Vergleicht man ...

d) Überlege dir einen Schlusssatz, der Bezug auf deine Überschrift und auf dein Schreibziel nimmt.

e) Schreibe den zusammenhängenden Text in dein Heft.

Schritt 4 ←

Überarbeiten

1 **a)** Überprüfe deinen Bericht anhand der Checkliste auf ↗ Seite 17.

b) Markiere alle Textstellen, die du verbessern möchtest. Schreibe deinen Bericht, wenn nötig, noch einmal in verbesserter Form auf.

Informierende Texte schreiben

Mit der Checkliste kannst du deine Texte selbst überprüfen. Für jeden deiner Texte hast du eine Spalte.

Verwende folgende Markierungen:

++ Hier erfüllt dein Text die Anforderungen voll.

\+ Hier erfüllt dein Text die Anforderungen mit geringen Fehlern.

+/– Hier finden sich einige Fehler. Du solltest in Zukunft noch genauer auf diesen Punkt achten.

– Hier finden sich noch viele Fehler. Schau dir den entsprechenden Teil im Übungskapitel erneut an.

	Text 1	Text 2	Text 3
Inhalt			
Der Text enthält eine passende **Einleitung.**			
Der **Hauptteil** des Textes ist logisch aufgebaut und enthält die zentralen Informationen, die im Hinblick auf den jeweiligen Adressaten und den Zweck des Textes wichtig sind.			
Im **Schluss** werden, je nach Aufgabenstellung, die Ergebnisse zusammengefasst oder es wird an die Leserin / den Leser appelliert.			
Ausdruck			
Die **Wortwahl** passt zum Thema, zum Ziel, zur Schreibform und zu den Adressaten.			
Es werden **anschauliche Adjektive** und **aussagekräftige Verben** verwendet.			
Die **Wortwahl** ist **abwechslungsreich. Unnötige Wortwiederholungen** werden vermieden.			
Die **Sätze** sind **logisch** und **sprachlich abwechslungsreich** miteinander **verknüpft.**			
Sprachliche Richtigkeit			
Grammatik und Rechtschreibung sind korrekt.			

Informierende Texte schreiben

1 Die neue Partnerschule in Santa Fe bittet um weiterführende Informationen zu deinem eigenen Land, damit sie ihre Austauschschüler entsprechend informieren kann.

a) Verfasse einen Brief an die Schulleitung in Santa Fe, in dem du dein Land vorstellst und auf die Besonderheiten deiner Heimat hinweist. Schreibe in dein Heft.

b) Überprüfe den Brief mit der Checkliste auf ↗ Seite 17.

Informierende Texte schreiben

1 Argentinien nimmt an dem Projekt „Orchestersystem für Jugendliche und Kinder“ teil. Durch das Erlernen von Musikinstrumenten und das gemeinsame Musizieren werden Kinder aus sozial schwachen Familien in die Gesellschaft integriert.

a) Lies das folgende Interview.

b) Schreibe mit Hilfe der Informationen aus dem Interview einen Zeitungsartikel, in dem du das Projekt erläuterst.

Jorge Andrés del Valle ist Geigenlehrer in der Orchesterschule von Bahía Blanca in Argentinien. Ina Muñoz befragte ihn zu dem Projekt „Orchestersystem für Jugendliche und Kinder“.

Muñoz: Herr del Valle, Sie arbeiten mit anderen Musiklehrern zusammen in dem Projekt „Orchestersystem für Jugendliche und Kinder“. Können Sie uns etwas zum Ursprung dieser Idee sagen?

del Valle: Gerne. Das *Orchestersystem* stammt ursprünglich aus Venezuela. Das Projekt in unserer Stadt basiert auf den Erfahrungen der Orchesterschule Chascomús in der Provinz Buenos Aires.

Muñoz: Was soll die Heranführung der Kinder an Musik bewirken?

del Valle: Die Integration von Musik in den Lernprozess sorgt für Motivation und Freude. Das sind unverzichtbare Faktoren, wenn man an einen positiven Wandel und eine ganzheitliche humanistische Erziehung denkt.

Muñoz: Wer nimmt an dem Projekt teil?

del Valle: Die Teilnehmer des Projekts sind Kinder und Jugendliche aus sozial schwachen Familien, die Armut, Vernachlässigung oder tätlicher Gewalt ausgesetzt sind.

Muñoz: Was ist das Besondere an dem *Orchestersystem?*

del Valle: Das Projekt geht von der Idee aus, dass ein Orchester die Gesellschaft widerspiegelt: Es bringt Individuen zusammen, die ein gemeinsames Ziel verfolgen. Das gemeinsame Spielen im Orchester gibt gerade den Kindern, die so sehr den Widrigkeiten unserer Gesellschaft ausgesetzt sind, die Möglichkeit, etwas behüteter aufzuwachsen. Das ist die eigentliche Intention unseres Orchesters.

Muñoz: Ersetzt das *Orchestersystem* den normalen Unterricht?

del Valle: Nein, das *Orchestersystem* ist ein Zusatzangebot und hat nicht zum Ziel, die obligatorische Lehre an Grundschulen und weiterführenden Schulen zu ersetzen.

Muñoz: Wie kann man sich den Unterricht vorstellen?

del Valle: Alle Schülerinnen und Schüler nehmen mit ihren Instrumenten am Einzel- und am Gruppenunterricht teil. Zudem erhalten die Kinder musiktheoretischen Unterricht und lernen schließlich das Zusammenspiel im Orchester.
Seit Beginn des Projekts vor einigen Jahren beschränkt sich der Unterricht zurzeit noch auf Streichinstrumente wie Violine, Bratsche, Violoncello und Kontrabass. Perspektivisch wollen wir aber auch Blas- und Perkussionsinstrumente aufnehmen.

Muñoz: Welche Voraussetzungen muss eine Lehrerin / ein Lehrer mitbringen, um an dem Projekt mitzuarbeiten?

del Valle: Ein hohes Maß an technischem Können und Unterrichtserfahrung reichen hier nicht aus. Viel wichtiger ist eine ausgeprägte Sensibilität für die Probleme der Kinder.

Muñoz: Sie erzählten uns auch, dass die Schule für die Kinder kostenlos ist. Die Kinder kommen hauptsächlich aus Familien, die sich die Gebühren einer Musikschule nicht leisten können. Wer finanziert das Projekt?

del Valle: Das Projekt ist direkt an die *Allgemeine Direktion für Kultur und Erziehung der Provinzen für Buenos Aires* angeschlossen. Außerdem wird es vom Kulturinstitut der Regierung in Bahía Blanca und von diversen Institutionen und Firmen unterstützt, die die notwendigen finanziellen Mittel spenden.

Muñoz: Welche Erfahrungen haben Sie persönlich mit dem Projekt gemacht?

del Valle: Ich betreue zunehmend Schülerinnen und Schüler, die Feindseligkeiten und Gewalt ausgesetzt sind. Mit Gewalt meine ich die unterschiedlichsten Formen: physisch oder verbal, Vernachlässigung, Diskriminierung und Vergewaltigung. Meine Kollegen und ich erleben häufig Extremsituationen, die uns als Erzieher an unsere Grenzen bringen. Was uns bei der Arbeit daher wirklich bewegt, ist die Möglichkeit, durch die gemeinschaftlichen musikalischen Erlebnisse im Orchester positiv auf die soziale Entwicklung der Kinder einzuwirken.

Muñoz: Herr del Valle, ich danke Ihnen für dieses Gespräch und wünsche Ihnen weiterhin viel Erfolg bei Ihrer Arbeit mit den jungen Menschen.

Übungen

Eine dialektische Erörterung schreiben

Schritt 1 ←

Die Schreibaufgabe klären

In einer **dialektischen Erörterung** kannst du das Für und Wider eines Sachverhalts mittels zweier Prinzipien herausarbeiten:

1. „Sanduhr-Prinzip“

Zwei unterschiedliche Positionen werden einander gegenübergestellt. Zuerst legst du die gegnerische Position dar. Dann entkräftest du sie mit eigenen, stichhaltigen Argumenten. Nenne dein stärkstes Argument zum Schluss.

Vorteil: Die Erörterung ist übersichtlich.

Nachteil: Der Aufbau lässt wenig Spielraum für Gestaltung und wirkt schnell steif.

2. „Reißverschluss-Prinzip“

Du stellst deine eigenen Argumente den gegnerischen direkt gegenüber. Dadurch kannst du sie sofort entkräften. Dein aussagekräftigstes Argument platzierst du am Schluss.

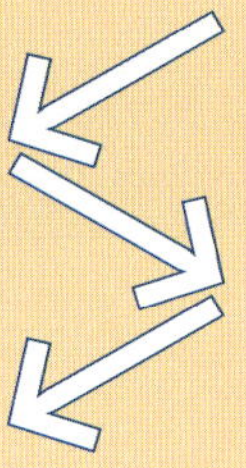

Vorteil: Durch die dialogische Struktur wirkt der Aufbau lebendig.

Nachteil: Zwischen den einzelnen Argumenten musst du sinnvolle Übergänge finden, ohne dich allzu oft zu wiederholen.

1 Nimm Stellung zu der folgenden Ausgangshypothese. Beziehe eigene Erfahrungen und aktuelle Entwicklungen in deine Überlegungen mit ein.

Das E-Book wird das gedruckte Buch in naher Zukunft vollständig ersetzen.

Tipp
Um die Ausgangsfrage möglichst genau zu ergründen, ist es hilfreich, verschiedene Perspektiven einzunehmen: Wer könnte das gedruckte Buch dem E-Book vorziehen und umgekehrt? Welche Gründe sprechen jeweils dafür?

a) Benenne passend zur Aufgabe das Thema, das Ziel und die Schreibform.

Thema: ______________________

Ziel: ______________________

Schreibform: ______________________

b) Ergänze erste eigene Ideen zum Thema „E-Book“ in der folgenden Mindmap.

Texte im Internet sind schnell verfügbar

Anschaffungskosten E-Book-Reader — **E-Book** — *Spaß am Blättern fällt weg*

... ...

Planen

→ Schritt 2

1 Sammle Pro- und Kontra-Argumente zu der Ausgangsfrage, ob das E-Book das gedruckte Buch in naher Zukunft ablösen wird. Ergänze die Tabelle mit Stichpunkten.

a) Schreibe passende Beispiele, die die Argumente stützen können, unter die Argumente.

b) Ordne deine Argumente nach Wichtigkeit.

Tipp
Um die Wichtigkeit deiner Argumente zu kennzeichnen, kannst du sie nummerieren.

pro E-Book	kontra E-Book
– das E-Book ist platzsparend	*– das gebundene Buch hat eine persönliche Note*
Bsp.: statt langen Bücherregalen hat man	*Bsp.: man kann es verschenken und mit einer*
alle Texte digital	*Widmung versehen*

2 Entscheide dich auf der Grundlage deiner Argumente für einen eigenen Standpunkt und formuliere eine entsprechende These.

3 Schreibe Stichpunkte für deine Einleitung auf. Um das Interesse der Leserschaft zu wecken, kannst du z. B. Bezug zu einem aktuellen Thema herstellen.

- *Rolle des gedruckten Buchs im Zeitalter der elektronischen Medien*
- *Bedürfnis nach schnellem Zugang zu Informationen*

4 Erstelle eine Gliederung für den Hauptteil deiner Erörterung.

a) Kreuze an, ob du nach dem Sanduhr-Prinzip oder nach dem Reißverschluss-Prinzip vorgehen möchtest.

☐ Sanduhr-Prinzip

☐ Reißverschluss-Prinzip

b) Fertige eine entsprechende Gliederung an.

5 Bereite den Schluss deiner Erörterung vor.

a) Kreuze an, wie du im Schlussteil vorgehen möchtest.

- ☐ einen Ausblick schreiben
- ☐ eine Stellungnahme formulieren
- ☐ einen Hinweis auf ein verwandtes Thema geben
- ☐ den Einleitungsgedanken wieder aufnehmen

b) Mache dir entsprechende Notizen.

Tipp
Der Schluss muss immer ein begründetes Ergebnis (=Synthese) enthalten.

Schreiben

Schritt 3

1 Schreibe die Erörterung in dein Heft. Beachte dazu die folgenden Hinweise für die Ausgestaltung des Hauptteils.

- Vergegenwärtige dir noch einmal die Ausgangsfrage (↗ Seite 20).
- Orientiere dich an deiner Gliederung. Gehe der Reihe nach vor. Verknüpfe deine Argumente und Beispiele sinnvoll. Hierbei helfen dir deine Vorüberlegungen zur Gestaltung des Hauptteils auf ↗ Seite 21.
- Zur Ausgestaltung deiner Argumentation kannst du die folgenden Formulierungshilfen nutzen.

  Überleitungen: *Erstens … Zweitens …; Außerdem ist zu bedenken, dass …, Ferner …; nicht nur – sondern auch …; Darüber hinaus …; Außerdem …; Hinzu kommt, dass …*

  Folgerungen: *Folglich …; Denn …; Daher …; Aus diesem Grund …; Wie das Beispiel zeigt …; Dementsprechend …; Infolgedessen …; Daraus folgt, dass …*

  Gegenüberstellungen: *Dem steht entgegen, dass …; Dagegen ist zu beobachten …; Während …; Trotzdem …; Einerseits …, andererseits …; Es bleibt festzuhalten, dass …*

Tipp
Der Hauptteil ist das Kernstück deiner Erörterung und muss sprachlich und inhaltlich überzeugend sein.

Schritt 4 ←

Tipp
Lege dir ein Wörterbuch auf den Schreibtisch, in dem du während der Arbeit nachschlagen kannst.

Überarbeiten

1 Überprüfe deine Erörterung anhand der Checkliste auf ↗ Seite 25.

2 Markiere alle Textstellen, die du verbessern möchtest.

a) Wähle drei Textstellen aus deiner dialektischen Erörterung aus, die du überarbeiten möchtest. Formuliere sie um. Nutze dafür die Schreiblinien..

b) Schreibe deine Erörterung, wenn nötig, noch einmal in verbesserter Form in dein Heft.

Eine dialektische Erörterung schreiben

Mit der Checkliste kannst du deine Erörterung überprüfen. Für jeden deiner Texte hast du eine Spalte.

Verwende folgende Markierungen:

++ Hier erfüllt dein Text die Anforderungen voll.

\+ Hier erfüllt dein Text die Anforderungen mit geringen Fehlern.

+/– Hier finden sich einige Fehler. Du solltest in Zukunft noch genauer auf diesen Punkt achten.

– Hier finden sich noch viele Fehler. Schau dir den entsprechenden Teil im Übungskapitel erneut an.

	Text 1	Text 2	Text 3
Inhalt			
Die **Einleitung** enthält einen **Einleitungsgedanken,** der zum Thema hinführt (thematischer Aufhänger) und die Aufmerksamkeit der Leserinnen und Leser erregt.			
Der **Hauptteil** ist logisch aufgebaut und enthält die gewonnenen Erkenntnisse in einem zusammenhängenden Text.			
Deine **Argumentation** hat einen **klaren Aufbau,** entweder gemäß dem **Sanduhr-Prinzip** oder dem **Reißverschluss-Prinzip.**			
Die einzelnen **Argumente** sind nach Wichtigkeit geordnet. Sie sind nachvollziehbar und durch geeignete **Beispiele** belegt.			
Im **Schluss** werden die Ergebnisse zusammengefasst, ohne alles noch einmal zu wiederholen.			
Der **Schluss** enthält ein **abschließendes Urteil** oder ein **logisches Fazit.**			
Ausdruck			
Die **Wortwahl** passt zum Thema, zum Ziel, zur Schreibform und zu den Adressaten.			
Die **Argumente** sind sprachlich sinnvoll und logisch verknüpft.			
Die **Verknüpfung von Argumenten und Beispielen** ist sprachlich abwechslungsreich.			
Unnötige Wortwiederholungen werden vermieden.			
Sprachliche Richtigkeit			
Rechtschreibung und Grammatik sind korrekt.			

Anwenden und vertiefen

Eine dialektische Erörterung schreiben

1 Schreibe eine dialektische Erörterung zu der folgenden Fragestellung:

Sollen randalierende Fußballfans von Bundesligaspielen ausgeschlossen werden?

a) Kläre die Aufgabenstellung. Welche Informationen hast du schon, wo besteht Ergänzungsbedarf?

b) Sammle und ordne Argumente in einer Tabelle wie auf ↗ Seite 21. Schreibe in dein Heft.

pro	kontra
– es kommt zu weniger Gewalt in den Stadien	– das Ausschließen von randalierenden Fans ist keine endgültige Lösung
– die Spieler können sich besser konzentrieren	– schwer durchführbar

c) Entscheide dich für eine Gliederung nach dem Reißverschluss-Prinzip oder nach dem Sanduhr-Prinzip.

d) Schreibe die Erörterung in dein Heft.

e) Überprüfe deinen Text mit Hilfe der Checkliste auf ↗ Seite 25.

Eine dialektische Erörterung schreiben

1 Setze dich mit der folgenden Fragestellung kritisch auseinander.

Casting-Shows im Privatfernsehen werden immer radikaler. Sollten Sendeformate, die die Kandidatinnen und Kandidaten bloßstellen und entwürdigen, abgeschafft werden?

Tipp
Hast du dich im Übungskapitel für das Sanduhr-Prinzip entschieden? Dann probiere jetzt das Reißverschluss-Prinzip aus und umgekehrt.

a) Plane und schreibe eine dialektische Erörterung in deinem Heft.

b) Überprüfe deinen Text mit Hilfe der Checklist auf ↗ Seite 25 und verbessere Fehlerhaftes.

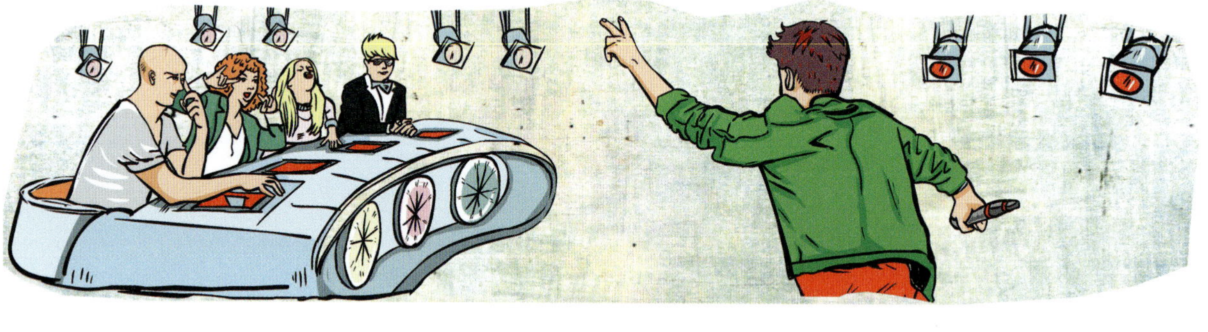

Eine textgebundene Erörterung schreiben

Die textgebundene Erörterung

In der **textgebundenen Erörterung** beziehst du **kritisch zu einem Text Stellung.** Dabei gehst du auf die **Argumente** der Autorin / des Autors ein und untersuchst genau, ob sie **überzeugend** sind, **welche Argumenttypen** sie/er benutzt hat und ob es **Belege und Beispiele** für die aufgestellten Behauptungen gibt.

Du bewertest außerdem, ob die **Argumentationskette schlüssig** ist.

Wenn du den Text überzeugend findest, kannst du dich **der These der Autorin / des Autors anschließen.** Als Beleg solltest du mindestens ein weiteres eigenes Argument ergänzen, das die Kernaussage des Textes stützt.

Überzeugt dich der Text nicht, kannst du ihm **deine eigene Ansicht gegenüberstellen.** Dafür musst du Argumente anführen, die die Argumente des Textes entkräften.

Im Gegensatz zu einer Sachtextanalyse, bei der du nur den Aussagegehalt des Textes erfasst, steht bei der textgebundenen Erörterung **die eigene Auseinandersetzung mit dem Text im Mittelpunkt.**

Die Schreibaufgabe klären

→ Schritt 1

1 Worum geht es in der Aufgabe?

a) Lies die Aufgabenstellung zu dem Text auf ↗ Seite 28 genau.

Stellt der Autor Jens Voss in dem Text „Surfen statt denken" die Funktion des Internets als Informationsquelle zu einseitig dar? Arbeite die wesentlichen Aussagen heraus und setze dich kritisch mit ihnen auseinander.

b) Markiere in der Aufgabenstellung die relevanten Begriffe und Formulierungen.

Schritt 2 ←

Den Text erschließen

1 Lies den Text genau.

a) Markiere die Textstellen, in denen die Meinung des Autors deutlich wird.

b) Benenne passend zur Aufgabe das Thema, die Schreibform und das Ziel:

Thema: ______________________ Schreibform: ______________________

Ziel: ____

Surfen statt denken

Jens Voss (1999)

Büffeln ade, es klingt so schön: Fakten, Formeln, Grafiken – alles auf Festplatte gespeichert oder abrufbereit im Internet. Wissen – nur noch ein technisches Problem in einer Gesellschaft, die sich wortselig „Wissensgesellschaft" nennt. Die Sache hat nur einen Haken: Man weiß nur, was man weiß. Mit diesem lapidaren Satz stört der in Bonn lehrende Erziehungswissenschaftler Volker Ladenthin die Plausibilität der Vorstellung, man könne abgespeicherte Informationen einfach abrufen und dann eben „wissen". „Computer und Internet", spottet der Professor, „sind die letzte Hoffnung darauf, das Lernen zu vermeiden."

Ladenthin warnt nicht nur vor falschen Hoffnungen, er schlägt Alarm: Die Informationsbeschaffung per Mausklick hat Nebenwirkungen für die geistige Verfasstheit ganzer Generationen. Wenn Wissen einfach abgerufen wird, verändert sich schleichend auch das Denken. „Wir sind auf dem Wege", warnt Ladenthin, „keine wissenschaftsorientierte Gesellschaft mehr zu sein."

Gerade das Surfen im Internet zeigt augenfällig, worum es geht. Diese Art der Suche nach Informationen gehorcht einem Prinzip, das im Kern zutiefst wissenschaftsfeindlich ist: dem Zufall. Informationen aus dem Internet häufen sich zu Fakteninseln in einem weiten Meer aus Ahnungslosigkeit. Es fehlt die Systematik der Aneignung, es fehlen bewusst gesteuerte Strategien im Fragen, Suchen und Finden einer Lösung für ein Problem. – Ladenthin: „Schüler und Studenten arbeiten zunehmend ergebnisorientiert und nicht methodenorientiert."

Was dabei auf der Strecke bleibt, nennt er „gewusstes Wissen", Wissen also, das um den Weg und die Mühe des Erkennens weiß. Wissen ohne methodisches Wissen aber sei nicht „zukunftsträchtig" – es bleibe stumm für kommende Probleme.

Die Folgen sind für Ladenthin bereits bei seinen Studenten klar ablesbar: Bestimmte Fähigkeiten schwinden, die Fähigkeit etwa, sich über längere Intervalle zu konzentrieren oder Problemlösungsstrategien von einem Gebiet auf ein anderes zu übertragen. Forciert wird diese Tendenz für Ladenthin durch die uferlose Bildlichkeit, die im Fernsehen, im Computer oder im Internet zur Vermittlung von Sachverhalten genutzt wird. Komplexe Zusammenhänge werden visuell so eingängig dargeboten, dass sich die Mühe abstrakten Denkens erübrigt.

c) Schreibe deinen ersten Eindruck von dem Text auf. Findest du die Argumentation des Autors überzeugend oder nicht? Begründe kurz.

d) Schreibe die zentrale These des Textes auf.

e) Arbeite die Argumente heraus, die Jens Voss zur Untermauerung der These anführt. Untersuche, ob sie überzeugend dargestellt und nachvollziehbar belegt sind.

Argumente	Beispiele und Belege

2 Setze dich genauer mit dem Thema auseinander.

a) Ergänze dafür die folgende Mindmap in deinem Heft.

b) Formuliere eigene Argumente zu dem Thema, um Jens Voss' Artikel zu ergänzen.

c) Gliedere deine und Jens Voss' Argumente entweder im Block oder im Wechsel wie auf ➚ Seite 10.

Schreiben

→ Schritt 3

1 **a)** Fülle stichpunktartig die folgenden Felder aus.

Autor: *Jens Voss* ______ Textsorte: ______

Titel: ______ Erscheinungsjahr: ______

b) Benenne das im Text behandelte Thema und schreibe eine kurze Einführung, die auf deine Erörterung neugierig macht.

______

______

______

______

______

2 Bereite den Hauptteil vor.

a) Schreibe drei zentrale Argumente aus dem Text in eigenen Worten auf.
Du kannst die folgenden Formulierungshilfen nutzen.

Eines der zentralen Argumente des Textes ist …
Jens Voss vertritt die Ansicht, dass …
Im weiteren Verlauf des Textes fügt er zudem an, dass …
Jens Voss kritisiert die Art und Weise, wie …

______

______

______

______

______

______

______

______

______

______

b) Bestätige oder entkräfte die Argumente von Jens Voss mit eigenen Argumenten. Nutze dafür die folgenden Formulierungsbausteine und deine Notizen.

- kausal (Grund): *da, weil, deswegen, deshalb*
- konsekutiv (Folge): *infolgedessen, sodass, demnach, folglich*
- konditional (Bedingung): *wenn, in diesem Fall, sofern, falls*
- adversativ (Gegensatz): *andererseits, jedoch, zwar … aber, dagegen*
- kopulativ (Reihung): *außerdem, zudem, sowohl … als auch, im Übrigen*
- konzessiv (Einräumung): *obgleich, obwohl, trotzdem, ungeachtet*
- final (Absicht): *damit, dass*

Jens Voss kritisiert die Art und Weise, sich über das Internet Wissen als sogenanntes „Inselwissen" anzueignen.

→ Andererseits kann das Inselwissen auch eine gute Ergänzung sein, wenn man sich mit dem Thema, zu dem man recherchiert, schon gut auskennt.

3 Um die Argumente aus dem Text zu stützen oder zu entkräften, musst du mit direkten und indirekten Zitaten arbeiten.

a) Lies den folgenden Merkkasten.

Richtig zitieren

Es gibt mehrere Möglichkeiten, Textbelege anzuführen.

- Du formulierst den Gedanken der Autorin / des Autors **indirekt** mit eigenen Worten und belegst ihn mit Zeilenangaben in Klammern, z. B.: *... und diese dann auch auf andere Problemstellungen übertragen zu können (vgl. Z. 24).*
- Du gibst eine Textaussage **direkt** wieder. Dann musst du die entsprechende Stelle in Anführungszeichen setzen und sie ebenfalls mit Zeilenangaben belegen, z. B.: *„Die Informationsbeschaffung per Mausklick hat Nebenwirkungen für die geistige Verfasstheit ganzer Generationen." (Z. 8 ff.)*
- Du kannst die **Textzitate auch in deine eigenen Formulierungen einbinden.** Achte auf die grammatische Korrektheit des Satzes und passe den Text, wenn notwendig, an, z. B.: *Jens Voss zieht Aussagen von Professor Volker Ladenthin heran, der behauptet, dass die computergesteuerte Wissensaneignung nicht nachhaltig sei, sondern vielmehr eine „... letzte Hoffnung darauf, das Lernen zu vermeiden" (Z. 7).*

b) Gib für jede der drei im Merkkasten aufgeführten Zitierweisen ein Beispiel aus dem Text an.

direktes Zitat: *Jens Voss schreibt:* ____________________

____

____

____

indirektes Zitat: ____________________

____

____

____

eingebundenes Zitat: ____________________

____

____

____

____

____

4 Formuliere nun den Schluss. Beachte dabei die Punkte im Merkkasten auf ➚ Seite 33 und nutze die Formulierungshilfen.

Zusammenfassend kann man sagen, dass ...
Ich komme folglich/also/letztlich zu dem Schluss, dass ...
Alles in allem kann man sagen, dass ...
Daher gelange ich zu der Überzeugung, dass ...
Abschließend lässt sich festhalten, dass ...
Obwohl ich die Argumentation des Autors in Teilen nachvollziehen kann, bin ich dennoch der Ansicht, dass ...

5 Schreibe die vollständige textgebundene Erörterung in dein Heft. Nutze deine Ergebnisse und die fertigen Textbausteine aus den ➚ Aufgaben 1 bis 4 (Seite 31–33). Verknüpfe sie mit sinnvollen Überleitungen. Die Formulierungsbausteine im Merkkasten helfen dir dabei.

Überleitungen schreiben

Argumente gewichten: *Zunächst ...; Zum Ersten ...; Am wichtigsten ist ...; Vor allem ...; Schließlich ...*

Beispiele einleiten: *Wie das Beispiel zeigt ...; Beispielsweise ...; Daran sieht man, dass ...*

Schritt 4 ←

Überarbeiten

1 Überprüfe deine Erörterung mit Hilfe der Checkliste auf ➚ Seite 35.

2 Markiere alle Textstellen, die du verändern solltest und verbessere sie. Schreibe deinen Text, wenn nötig, noch einmal in verbesserter Form auf.

Teste dich!

Eine textgebundene Erörterung schreiben

Mit der Checkliste kannst du deine Texte selbst überprüfen. Für jeden deiner Texte hast du eine Spalte.

Verwende folgende Markierungen:

++ Hier erfüllt dein Text die Anforderungen voll.

\+ Hier erfüllt dein Text die Anforderungen mit geringen Fehlern.

+/– Hier finden sich einige Fehler. Du solltest in Zukunft noch genauer auf diesen Punkt achten.

– Hier finden sich noch viele Fehler. Schau dir den entsprechenden Teil im Übungskapitel erneut an.

	Text 1	Text 2	Text 3
Inhalt			
Die **Einleitung** enthält die wesentlichen Informationen zu Autorin/ Autor und Text sowie einen Einleitungsgedanken, der zum Thema hinführt.			
Der **Hauptteil** ist logisch aufgebaut. Er enthält die zentralen Argumente des Textes und deine eigenen Argumente.			
Die **Argumente** sind mit **Beispielen und Zitaten** belegt.			
Die **Intention der Autorin / des Autors** wird deutlich.			
Der **Schluss** enthält ein eigenes **abschließendes Urteil** oder ein **logisches Fazit.**			
Ausdruck			
Die **Wortwahl** passt zum Thema, zum Ziel, zur Schreibform und zu den Adressaten.			
Unnötige Wortwiederholungen werden vermieden.			
Die einzelnen **Argumente** werden nachvollziehbar und **sprachlich abwechslungsreich miteinander verknüpft.**			
Die **Wortwahl** ist **abwechslungsreich.**			
Sprachliche Richtigkeit			
Die Textbelege sind korrekt zitiert.			
Grammatik und Rechtschreibung sind korrekt.			

Eine textgebundene Erörterung schreiben

1 Erörtere die folgende Frage und beziehe dabei den vorliegenden Text mit ein. Belege deine Argumente am Text.

Sollten Studierende besser zu Hause oder in einer WG mit anderen jungen Leuten wohnen?

2 Überprüfe deine Erörterung mit Hilfe der Checkliste auf ↗ Seite 35.

a) Markiere alle Textstellen, die du verändern solltest, und verbessere sie.

b) Schreibe den Text, wenn nötig, komplett verbessert auf.

Große Freiheit oder Hotel Mama?

Eva Dorothée Schmid

Wer mit Studium oder Ausbildung beginnt, muss sich entscheiden zwischen dem Zimmer bei den Eltern, der eigenen Bude oder einer WG. Neben dem Geld spielen dabei auch Bequemlichkeit und Freiheitsdrang eine große Rolle.

Endlich keinen Ärger mehr mit den Eltern und keine nervigen Geschwister, mit denen man sich rumschlagen muss: In die eigene Wohnung zu ziehen und selber über sein Leben bestimmen zu können, das ist der große Traum vieler Jugendlicher. Doch eine Wohnung bringt nicht nur die vermeintliche große Freiheit, sondern auch jede Menge Kosten und Arbeit.

„Durchschnittlich ziehen Frauen mit 21 aus, Männer mit 23", sagt die Psychologie-Dozentin Christiane Papastefanou aus Ludwigshafen, „Lehrlinge verlassen ihr Elternhaus früher, weil sie sich das leisten können." Bei Studenten sei das von der finanziellen Lage der Eltern abhängig. Anders als früher gelte es vor Freunden nicht mehr als Schande, mit Mitte 20 noch zu Hause zu wohnen.

Helga Gürtler, Diplom-Psychologin aus Berlin, hat festgestellt: „Es ist immer häufiger so, dass Jugendliche zu Hause bleiben und Eltern und Jugendliche damit ganz zufrieden sind." Das Hotel Mama hat ja auch unübersehbare Vorteile. „Das ist am billigsten", sagt zum Beispiel der 20-jährige Felix aus Bergkamen. Und es ist bequem. „Wenn man alleine wohnt, muss man sich um alles selbst kümmern", meint Betty, 18, aus Neubrandenburg.

Doch die kostengünstige Bequemlichkeit hat ihren Preis. „Egal wie alt man ist, man ist immer unter der Aufsicht der Eltern", weiß Felix. Expertin Papastefanou kann das bestätigen: „Eltern und Kinder bleiben immer Eltern und Kinder", also in ihren Rollen verhaftet. Zudem könne man sich im Elternhaus keine Intimsphäre schaffen. „Nur eine Tür zwischen dem Kinderzimmer und der Wohnung, das schränkt die Sexualität schon ein", so die Privatdozentin.

Um nicht ewig „Nesthocker" zu bleiben, ist irgendwann der Auszug angesagt. Spätestens „in den Zwanzigern" sollte man eine eigene Wohnung haben, findet Helga Gürtler. Sie meint, dass Jugendliche besser als die Eltern abschätzen können, ob sie schon alleine zurechtkommen: „Eltern glucken tendenziell zu viel und bleiben hinter der Zeit zurück."

Meist stellt sich die Frage nach den eigenen vier Wänden beim Beginn der Ausbildung oder des Studiums. „Manche Jugendliche schränken sich in ihren Ausbildungsmöglichkeiten ein, weil sie zu Hause wohnen bleiben wollen", berichtet Papastefanou und plädiert für die radikale Lösung: „Wenn man was Neues anfängt, gleich den Absprung wagen."

Der Auszug aus dem elterlichen Nest kann das Verhältnis zu den Eltern verbessern. „Manche Streitigkeiten entkrampfen sich, wenn man sich zum Beispiel nicht jeden Tag um irgendeinen ‚Alltagsscheiß' streitet", sagt Ratgeberautorin Gürtler. Außerdem merkten die Jugendlichen, was die Eltern alles still und leise gemacht haben, und das äußere sich oft in Dankbarkeit.

Auch die Eltern behandeln ihre Sprösslinge nach dem Auszug anders. „Der Respekt gegenüber den Kindern steigt", so Papastefanou.

Die erste eigene Wohnung – ein erster Schritt in die Freiheit. Aber dafür muss man alles selbst bezahlen und alles selbst machen: Die Wäsche will gewaschen werden, auch das Essen zaubert sich nicht von selbst auf den Tisch.

Alles halb so schlimm, findet Alexander aus Hamburg. Der 25-Jährige ist vor vier Jahren ausgezogen und erzählt: „Die Haushaltsführung war kein Problem, Essen musste ich auch vorher selbst machen." Und Wäsche waschen zum Beispiel sei „halt eine lästige Nebenbeschäftigung".

Wichtig ist die finanzielle Seite der eigenen Bude. Neben der Miete fordern viele Vermieter eine Kaution von bis zu zwei Kaltmieten. Das Geld gibt es beim Auszug wieder zurück, aber man muss es erst mal aufbringen. „Auch für etwaige Schönheitsreparaturen, die man beim Einzug machen muss, entstehen Kosten", gibt Dietmar Wall vom Deutschen Mieterbund in Köln zu bedenken.

Eine Möglichkeit, die Miete relativ gering zu halten und in einer größeren Wohnung zu wohnen, sind Wohngemeinschaften. „Ich habe mir das lustiger vorgestellt, als alleine zu wohnen, und so war's dann auch", erzählt WG-Bewohner Alexander aus Hamburg. Bei Wohngemeinschaften gibt es zwei Arten von Verträgen. „Entweder einer ist Hauptmieter und vermietet an die anderen unter, oder jeder Mieter unterschreibt, das heißt dann auch, dass alle haften", erklärt Wall. Bei letzterer Variante müsse man darauf achten, dass ein Auszug auch dann möglich ist, wenn die anderen nicht kündigen.

Eine textgebundene Erörterung schreiben

1 Der Schriftsteller Paulo Coelho stellt in seinem Essay „Von Büchern“ die These auf, dass der Verzicht auf viele Gegenstände uns große Freiheit gibt (Z. 7 f.).

a) Setze dich in einer textgebundenen Erörterung kritisch mit seiner Argumentation auseinander. Schreibe in dein Heft.

b) Überprüfe deine Erörterung mit Hilfe der Checkliste auf ↗ Seite 35.

Von Büchern

Paulo Coelho

Tatsächlich besitze ich gar nicht so viele Bücher: Vor ein paar Jahren habe ich, weil ich versuchen wollte, ein Maximum an Qualität mit einem Minimum an Dingen im Leben zu vereinbaren, einige Entscheidungen getroffen. Das soll nicht etwa heißen, dass ich mich für ein klösterliches Leben entschieden habe; ganz im Gegenteil. Aber der Verzicht auf viele Gegenstände gibt uns große Freiheit. Einige meiner Freunde (und Freundinnen) beklagen sich darüber, dass sie, weil sie zu viele Kleidungsstücke haben, Stunden mit der Auswahl ihrer Garderobe verbringen. Da ich meine auf Schwarz als Grundfarbe beschränkt habe, muss ich mich mit diesem Problem nicht herumschlagen.

Aber ich will nicht über Mode sprechen, sondern über Bücher. Um mich auf das Wesentliche zu konzentrieren, beschloss ich, in meiner Bibliothek nur vierhundert Bücher zu behalten – einige aus sentimentalen Gründen, andere, weil ich sie immer wieder lese. Diese Entscheidung habe ich aus verschiedenen Gründen getroffen, und einer davon ist, dass es mich immer traurig stimmt, wie Bibliotheken, die sorgfältig ein ganzes Leben lang aufgebaut wurden, am Ende respektlos nach Gewicht verkauft werden. Außerdem: Warum soll ich all diese Bände im Haus verwahren? Um meinen Freunden zu zeigen, dass ich gebildet bin? Als Wandschmuck? Die Bücher, die ich gekauft habe, sind in einer öffentlichen Bibliothek unendlich viel nützlicher als bei mir zu Hause.

Früher konnte ich sagen, ich brauche sie, weil ich darin etwas nachschlagen möchte. Aber heute brauche ich, wenn ich eine Information benötige, nur den Computer anzuschalten, ein Passwort einzugeben, und vor mir erscheint alles, was ich brauche. Im Internet, der größten Bibliothek der Welt.

Selbstverständlich kaufe ich immer noch Bücher – es gibt kein elektronisches Medium, das sie ersetzen könnte. Aber sobald ich das Buch ausgelesen habe, lasse ich es reisen, verschenke es oder gebe es einer öffentlichen Bibliothek. Nicht, weil ich die Wälder retten oder großzügig sein will: Ich glaube nur, dass ein Buch einen eigenen Weg hat und nicht dazu verdammt sein sollte, reglos in einem Regal zu stehen.

Als Schriftsteller, der von Autorenrechten lebt, könnte dies ein Argument gegen mich selber sein – denn je mehr meine Bücher gekauft werden, desto mehr Geld verdiene ich. Allerdings wäre das dem Leser gegenüber ungerecht, vor allem in Ländern, in denen die Regierungsprogramme zur Förderung des Buchverkaufs zumeist nicht den zwei wichtigsten Auswahlkriterien folgen: der Freude am Lesen und der Qualität des Textes.

Lassen wir also unsere Bücher reisen, von anderen Händen berührt und anderen Augen genossen werden. Jetzt erinnere ich mich vage an ein Gedicht von Jorge Luis Borges, das von Büchern spricht, die nie wieder aufgeschlagen werden.

Wo ich jetzt bin? In einer kleinen Stadt in den französischen Pyrenäen. Ich sitze in einem Café, genieße die Aircondition, denn die Hitze draußen ist unerträglich. Die Gesamtausgabe der Werke von Borges steht bei mir zu Hause, ein paar Kilometer von dem Ort entfernt, an dem ich jetzt schreibe. Borges ist ein Autor, den ich immer wieder lese. Aber warum nicht den Test machen?!

Ich gehe über die Straße und fünf Minuten bis zu einem Café, in dem Computer stehen und das den sympathischen und widersprüchlichen Namen Cyber-Café trägt. Ich begrüße den Besitzer, bitte um ein eiskaltes Mineralwasser, öffne die Seite einer Suchmaschine, gebe ein paar Wörter des einzigen Verses ein, an den ich mich erinnere, füge den Namen des Autors hinzu. In weniger als einer Minute erscheint vor mir das ganze Gedicht, das ich so, wie es dasteht, wiedergebe:

Es gibt eine Zeile von Verlaine, an die ich mich nicht erinnern werde.
Es gibt einen Spiegel, der mich zum letzten Mal gesehen hat.
Es gibt eine bis ans Ende der Zeit geschlossene Tür.
Unter den Büchern meiner Bibliothek
Gibt es eines, das ich nie wieder aufschlagen werde.

Ich glaube wirklich, dass ich viele der Bücher, die ich verschenkt habe, nie wieder aufschlagen würde, weil ständig etwas Neues, Interessantes publiziert wird und ich wahnsinnig gern lese. Ich finde es großartig, dass Leute Bibliotheken haben, denn Kinder finden aus Neugier zu den Büchern. Aber ich finde es auch großartig, wenn ich bei Signierstunden Lesern mit zerlesenen Exemplaren begegne, die zigmal verliehen wurden: Das bedeutet, dass dieses Buch ebenso auf Reisen ist wie der Geist seines Autors, als dieser es schrieb.

Paulo Coelho (2003)

Übungen

Eine Redeanalyse verfassen

Schritt 1 ←

Die Schreibaufgabe klären

1 In diesem Kapitel lernst du, eine Rede zu analysieren. Gehe in den folgenden Schritten vor.

a) Verschaffe dir einen ersten Überblick über die Rede.

b) Wie wirkt die Rede nach dem ersten Lesen auf dich? Schreibe Stichpunkte.

Semiya Şimşek (2012)

Semiya Şimşek, Tochter des von der Zwickauer Terrorzelle ermordeten Enver Şimşek, forderte bei der zentralen Gedenkfeier in der Berliner Konzerthalle im Februar 2012 zum Kampf gegen Rechtsextremismus auf.

„Hörst du das, die Glöckchen. Das sind die Schäfchen, die jetzt aus den Bergen runter ins Tal kommen. Das tun sie immer in der Nacht."

Mein Vater erzählte gerne von sich und seinen Träumen. Ich liebte es, ihm zuzuhören. Er saß in dieser warmen Sommernacht in unserem Garten in der Türkei und aß Kirschen.

Ich setzte mich zu ihm und fragte ihn: „Kannst Du nicht schlafen?" „Doch, Semiya", sagte er. „Ich möchte etwas hören." Und so lauschten wir zusammen dem Klang der Glöckchen der Schafe. Ich spürte, wie glücklich mein Vater in diesem Moment war.

Ein Jahr später war mein Vater tot. Am 9. September 2000 wurde auf meinen Vater Enver Şimşek geschossen. Er starb zwei Tage später im Krankenhaus. Der erste Mord.

Wir sollten keinen weiteren gemeinsamen Sommer mehr haben. Von einem Tag auf den anderen änderte sich für uns alles. Das alte Leben gab es nicht mehr. Mein Vater war tot. Er wurde nur 38 Jahre alt.

Ich finde keine Worte dafür, wie unendlich traurig wir waren. Doch in Ruhe Abschied nehmen und trauern, das konnten wir nicht. Die Familien, für die ich hier heute spreche, wissen, wovon ich rede.

Elf Jahre durften wir nicht einmal reinen Gewissens Opfer sein. Immer lag da die Last über unserem Leben, dass vielleicht doch irgendwer aus meiner Familie, aus unserer Familie, verantwortlich sein könnte für den Tod meines Vaters.

Und auch den anderen Verdacht gab es noch: Mein Vater – ein Krimineller, ein Drogenhändler. Können Sie erahnen, wie es sich für meine Mutter angefühlt hat, plötzlich selbst ins Visier der Ermittlungen genommen zu werden? Und können Sie erahnen, wie es sich für mich als Kind angefühlt hat, sowohl meinen toten Vater als die ohnehin schon betroffene Mutter unter Verdacht zu sehen?

Dass all diese Vorwürfe aus der Luft gegriffen und völlig haltlos waren, das wissen wir heute. Mein Vater wurde von Neonazis ermordet.

Soll mich diese Erkenntnis nun beruhigen? Das Gegenteil ist der Fall. In diesem Land geboren, aufgewachsen und fest verwurzelt, habe ich mir über Integration noch nie Gedanken gemacht. Heute stehe ich hier, traure um meinen Vater und quäle mich mit der Frage: Bin ich in Deutschland zu Hause?

Ja, klar bin ich das. Aber wie soll ich mir dessen noch gewiss sein, wenn es Menschen gibt, die mich hier nicht haben wollen. Und die zu Mördern werden, nur weil meine Eltern aus einem fremden Land stammen.

Soll ich gehen? Nein, das kann keine Lösung sein. Oder soll ich mich damit trösten, dass wahrscheinlich nur Einzelne zu solchen Taten bereit sind? Auch das kann keine Lösung sein. In unserem Land, in meinem Land, muss sich jeder frei entfalten können, unabhängig von Nationalität, Migrationshintergrund, Hautfarbe, Religion, Behinderung, Geschlecht oder sexueller Orientierung. Lasst uns nicht die Augen verschließen und so tun, als hätten wir dieses Ziel schon erreicht.

Meine Damen und Herren, die Politik, die Justiz – jeder Einzelne von uns ist gefordert. Ich habe meinen Vater verloren, wir haben unsere Familienangehörigen verloren. Lasst uns verhindern, dass das auch anderen Familien passiert.

Wir alle – gemeinsam, zusammen – nur das kann die Lösung sein!

2 Lies die Rede noch einmal und markiere für die Schreibaufgabe wichtige Textstellen.

3 Teile die Rede in Abschnitte ein.

Einleitung: Z. 1– ____________________

Hauptteil: ____________________

Schluss: ____________________

Schritt 2 ←

Ideen und Informationen sammeln

1 Analysiere die Rede nun genauer. Folgende Schritte sind dafür notwendig.

- den Inhalt vergegenwärtigen
- die Kommunikationssituation feststellen
- die Redeabsicht erkennen
- den Gedankengang und die Argumentationsweise des Textes untersuchen
- Redestrategien aufdecken
- die Sprache untersuchen
- die eigene Haltung beschreiben

a) Notiere zu jedem Abschnitt einen Satz, der den Inhalt wiedergibt.

Einleitung: ______

Hauptteil: ______

Schluss: ______

b) Beantworte zur Feststellung der Kommunikationssituation die folgenden Fragen.

Wer spricht? ______

An wen richtet sich die Rede? ______

Wann wird die Rede gehalten? ______

c) Schreibe in Stichpunkten die Redeabsicht auf.

______

Tipp
Die Redeabsicht kannst du aus der Kommunikationssituation ableiten.

d) Gib zu den folgenden Kategorien Zeilenangaben im Text an.

- Information: ______________________
- Klage: ______________________
- Übernahme von Verantwortung: ______________________
- Aufwertung der Wir-Gruppe: ______________________

e) Lies den folgenden Merkkasten und markiere mindestens fünf sprachliche Auffälligkeiten im Text.

Wortwahl: sachliche Schlüsselwörter, politische Leitbegriffe, ideologische Leitbegriffe, Schlagwörter, Klischees, Assoziationskette

Sprachstil: Umgangssprache, Hochsprache, Standardsprache, Fachsprache, Höflichkeit, Kampfsprache, Verständlichkeit, Tonfall (sachlich, freundlich, aggressiv, feierlich, kämpferisch, ermutigend, aufbauend, verbindlich)

Rhetorische Mittel: Anapher, Antithetik, Apostrophe (direkte Anrede), Ellipse, Emphase, Ironie, Klimax, Metapher, rhetorische Frage, Synonymie

f) Fasse die sprachlichen Besonderheiten der Rede stichwortartig zusammen. Benenne dafür Wortwahl und Sprachstil der Rednerin und gib fünf Beispiele für rhetorische Mittel aus dem Text an.

Schritt 3 ←

Die Redeanalyse verfassen

1 Lies den folgenden Merkkasten, der dir Hinweise zur Gliederung der Redeanalyse gibt.

Die **Einleitung** der Redeanalyse gibt Aufschluss über **Autor, Titel** (wenn vorhanden), **Kommunikationssituation, Erscheinungsdatum** und **Thema** der Rede.

Der **Hauptteil** beinhaltet

- eine **strukturierte Textwiedergabe:** Darstellung des Inhalts unter Berücksichtigung der Textstruktur, z. B.: *Der Autor beginnt mit der These …*
- eine **Analyse:** Untersuchung von Kommunikationssituation, Redeabsicht, Gedankengang, Argumentationsweise; Aufdeckung der Beeinflussungsstrategien; Analyse weiterer sprachlicher Besonderheiten

Kommunikationssituation, Redeabsicht und Gedankengang können auch schon in der strukturierten Inhaltswiedergabe enthalten sein.

Im **Schlussteil** werden die **eigenen Ergebnisse** in einer **kurzen Stellungnahme zusammengefasst.** Außerdem wird die Rede abschließend **beurteilt** oder ein **weiterführender Gedanke** entwickelt.

2 Formuliere mit Hilfe des Merkkastens eine Einleitung für die Redeanalyse.

3 Verfasse eine strukturierte Inhaltsangabe. Du kannst die folgenden Formulierungshilfen nutzen.

In ihrer Rede spricht Semiya Şimşek nicht nur über ihren eigenen Vater, sondern auch über …

Sie fasst die vergangenen Jahre zusammen, in denen …

Semiya Şimşek fordert dazu auf …

4 Lies die folgende Tabelle und ergänze sie mit weiteren Aussagen, Erläuterungen und Zitaten.

Aussage	Erläuterung	Zitat und Zeilenangabe
Semiya Şimşek beginnt ihre Rede mit einer Erinnerung aus ihrer Kindheit.	Sie erzählt von einem glücklichen Moment, den sie und ihr Vater gemeinsam erlebt haben.	„Ich spürte, wie glücklich mein Vater in diesem Moment war." (Z. 7)

Tipp
Wenn der Platz nicht ausreicht, dann schreibe nur die ersten Wörter des Zitats auf und setzte das Auslassungszeichen […] dahinter. Vgl. ↗ Seite 50.

5 Bereite den Schluss vor. Du kannst zwischen den ↗ Aufgaben a und b wählen.

a) Schreibe Notizen für eine abschließende Bewertung der Rede auf. Gehe dabei besonders auf die sprachlichen Mittel und ihre Wirkung ein.

- Schreibe im Präsens.
- Formuliere sachlich.
- Achte auf sinnvolle Verknüpfungen.

b) Überlege dir einen weiterführenden Gedanken zu einem verwandten Thema, mit dem du deine Redeanalyse abschließt. Mache dir erste Notizen.

6 Verfasse nun mit Hilfe deiner Vorarbeiten eine Analyse der Rede. Schreibe in dein Heft.

Schritt 4 ←

Überarbeiten

1 Überprüfe deine Redeanalyse mit Hilfe der Checkliste auf ↗ Seite 47.

2 Markiere alle Textstellen, die du verbessern willst. Schreibe deine Redeanalyse, wenn nötig, noch einmal in verbesserter Form auf.

Teste dich!

Eine Redeanalyse verfassen

Mit der Checkliste kannst du deine Texte selbst überprüfen. Für jeden deiner Texte hast du eine Spalte.

Verwende folgende Markierungen:

++ Hier erfüllt dein Text die Anforderungen voll.

\+ Hier erfüllt dein Text die Anforderungen mit geringen Fehlern.

+/– Hier finden sich einige Fehler. Du solltest in Zukunft noch genauer auf diesen Punkt achten.

– Hier finden sich noch viele Fehler. Schau dir den entsprechenden Teil im Übungskapitel erneut an.

	Text 1	Text 2	Text 3
Aufbau			
Die Redeanalyse ist klar strukturiert in Einleitung, Hauptteil und Schluss.			
In der **Einleitung** werden Autor, Titel (sofern vorhanden), Thema und Kommunikationssituation genannt.			
Mit der **Kommunikationssituation** werden Redeabsicht, Zeit, Ort und Umstände der Rede dargestellt.			
Im **Hauptteil** richtet sich die Struktur der Redeanalyse nach dem Gedankengang der Rednerin / des Redners.			
Der **Schluss** enthält eine Zusammenfassung der Analyseergebnisse und eine Stellungnahme oder ein kurzes Fazit.			
Inhalt			
Der **Gedankengang** und die **Argumentationsweise** werden im Hauptteil erklärt.			
Die **Redestrategien** werden analysiert und aufgedeckt.			
Sprache: Weitere sprachliche Besonderheiten werden benannt und funktional gedeutet.			
Darstellungsweise			
Eigene Aussagen werden jeweils **erläutert.**			
Die **Zitierregeln** werden korrekt umgesetzt.			
Fachbegriffe werden sinnvoll eingesetzt.			

Eine Redeanalyse verfassen

1 Du sollst eine Analyse der folgenden Rede von Konrad Weiß anfertigen:

Verfasse eine Analyse der Rede von Konrad Weiß, in der du besonders auf den Kommunikationszusammenhang und auf die Argumentationsweise eingehst.

a) Lies die Rede von Konrad Weiß.

Die folgende Rede (Auszug) hielt der Bundestagsabgeordnete Konrad Weiß von Bündnis 90/Die Grünen am 23. Oktober 1992 im Deutschen Bundestag. Vorausgegangen waren gewalttätige Ausschreitungen von Rechtsradikalen gegen Ausländer und Asylbewerber.

Konrad Weiß (1992)

Ich schäme mich. Ich schäme mich, Deutscher zu sein. Ich schäme mich, in einem Land zu leben, das eine Mauer der Gewalt, der Gefühllosigkeit, der Selbstsucht um sich baut. Ich schäme mich, in einem Land zu leben, in dem Menschen Beifall klatschen, wenn Menschen angegriffen, verletzt, vertrieben werden. Ich schäme mich, Mitbürger von Feiglingen zu sein, die Frauen und Kinder schlagen und drangsalieren, die Jagd auf jene Menschen machen, die bei uns Zuflucht und Hilfe suchen oder anders sind.

Weder die unbewältigte Vergangenheit noch die Deformierungen aus 60 Jahren Diktatur dürfen als Entschuldigung dafür dienen, dass Menschen wie Tiere über Menschen herfallen. Diese Fremdenfeindlichkeit so vieler Deutscher ist eine Unmenschlichkeit, die unentschuldbar ist. Haben wir Ostdeutschen aus 40 Jahren Unterdrückung und Eingesperrtsein wirklich nichts anderes gelernt als Ausgrenzen, Aussperren und Ausstoßen? Und ist die westdeutsche Demokratie nach 40 Jahren wirklich so verkommen, dass sie sich nicht mehr zu wehren weiß?

Jeder und jede in unserem Land muss unsere Demokratie verteidigen. Das beginnt mit scheinbaren Kleinigkeiten, die aber so viel Mut, Wachheit und Zivilcourage erfordern. Denn es braucht Mut, dem Taxifahrer oder dem Kollegen, der von „Kanaken" spricht oder fremdenfeindliche Witze erzählt, über den Mund zu fahren. Und es braucht genauso Mut, denen entgegenzutreten, die Polizisten als „Bullen" beschimpfen oder sie bei ihrer Arbeit zum Schutz von Mitbürgerinnen und Mitbürgern behindern. Es braucht Courage, nicht wegzusehen oder sich davonzuschleichen, wenn Menschen Menschen beleidigen und misshandeln oder wenn Steine und Brandflaschen geworfen werden. Es braucht Courage, dem Nachbarn, der zum Sturm auf Ausländer Beifall klatscht, in aller Eindeutigkeit zu sagen, was man von ihm hält.

Eine der Ursachen des Unheils, das wieder über Deutschland gekommen ist, ist die Bejahung von Gewalt. Die Barbarei der Rechtsradikalen wird aus den vielen kleinen Gewalttätigkeiten gespeist, an die wir uns gewöhnt haben und die wir fast widerstandslos hinnehmen. Wir haben es nur ungenügend gelernt, Konflikte gewaltfrei zu bewältigen, im Kleinen ebenso wie im Großen. Wir dulden die Gewalt im Straßenverkehr und die Gewalt der Erwachsenen gegen die

Kinder. Wir akzeptieren, dass Gewalt gegen Frauen als Kavaliersdelikt angesehen wird. Wir nehmen die vielfältigen, die verbalen oder handgreiflichen Gewalttätigkeiten gegen Minderheiten und Andersdenkende gedankenlos hin. Wir dulden unter dem Vorwand, die Freiheit der Kultur zu schützen, dass uns und unseren Kindern unentwegt die scheußlichsten Gewalttaten vorgeführt werden. Es ist die Saat der Gewalt, die nun aufgeht.
Unsere Demokratie, unser Land können wir nur durch eine große Koalition der Menschlichkeit vor dem Rückfall in Barbarei und Totalitarismus bewahren. Diejenigen, die heute „Neger aufklatschen", werden morgen uns und unsere Familien foltern und töten. Sie werden, wenn wir sie gewähren lassen, nicht danach fragen, ob wir Sozialdemokraten oder Kommunisten, ob wir christliche oder liberale Demokraten, ob wir Grüne oder Bürgerrechtler sind. Wir werden uns gemeinsam in ihren Vernichtungslagern wiederfinden, wie es 1933 geschah, wenn wir sie gewähren lassen.

Konrad Weiß (1992)

b) Notiere deine ersten Gedanken und Eindrücke zur Rede von Konrad Weiß.

____

____

____

____

____

____

2 Lies die folgenden Punkte, die du bei der Redeanalyse berücksichtigen solltest.

- den Inhalt vergegenwärtigen
- die Kommunikationssituation feststellen
- die Redeabsicht erkennen
- den Gedankengang und die Argumentationsweise des Textes untersuchen
- Redestrategien aufdecken
- die Sprache untersuchen
- die eigene Haltung beschreiben

a) Markiere im Text alle Auffälligkeiten.

b) Notiere Stichpunkte am Rand.

c) Fülle die folgende Tabelle stichpunktartig aus. Gib in der rechten Spalte nur die Zeilenangaben der Zitate an.

Beobachtungsschwerpunkt	Beschreibung/Besonderheiten	mögliche Zitate (in Kurzform mit Zeilenangaben)
Inhalt	Kritik an der Gewalt, die die deutsche Gesellschaft durchzieht	„Eine Ursachen des Unheils […]“ (Z. 28 f.)
Redeabsicht		
Gedankengang und Argumentationsweise		
Redestrategien		
sprachliche Besonderheiten		

3 Verfasse nun die Redeanalyse. Schreibe in dein Heft. Überprüfe sie anschließend mit Hilfe der Checkliste auf ➚ Seite 47.

Eine Redeanalyse verfassen

1 Lies die folgende Aufgabenstellung.

Verfasse eine Redeanalyse zu der Rede von Angela Merkel. Gehe dabei besonders auf die Redeabsicht und auf die sprachliche Gestaltung ein.

a) Lies die Rede von Angela Merkel und markiere wichtige Textstellen.

b) Notiere deinen ersten Eindruck.

Rede von Bundeskanzlerin Angela Merkel bei der Gedenkveranstaltung für die Opfer rechtsextremistischer Gewalt (23. 2. 2012)

Sehr geehrter Herr Bundesratspräsident,
sehr geehrter Herr Bundestagspräsident,
sehr geehrter Herr Präsident des Bundesverfassungsgerichts,
Exzellenzen,
sehr geehrte Damen und Herren,
ganz besonders aber: liebe Familien, die Sie einen Angehörigen verloren haben oder selbst einen Anschlag erleben mussten, ich danke Ihnen, dass Sie heute zu dieser Gedenkveranstaltung gekommen sind.

Auf dem Podest links neben mir brennen Kerzen. Es sind Kerzen für Menschen – für Menschen, deren Leben ausgelöscht wurde, ausgelöscht durch kaltblütigen Mord. [...]

Zehn brennende Kerzen – zehn ausgelöschte Leben. Ihrer gedenken wir heute. Zehn Kerzen – sie stehen für eine Mordserie in Deutschland von 2000 bis 2006, deren Täter bis 2011 und damit also über mehr als zehn Jahre unentdeckt blieben – mitten unter uns; beispiellos für unser Land. [...]

Manchmal rütteln uns Berichte über skrupellose rechtsextremistische Gewalttäter auf. Für einige Tage bestimmen sie die Schlagzeilen der Nachrichten. Manchmal bleibt auch der Name einer Stadt als Tatort im Gedächtnis. Doch oft genug nehmen wir solche Vorfälle eher nur als Randnotiz wahr. Wir vergessen zu schnell – viel zu schnell. Wir verdrängen, was mitten unter uns geschieht; vielleicht, weil wir zu beschäftigt sind mit anderem; vielleicht auch, weil wir uns ohnmächtig fühlen gegenüber dem, was um uns geschieht.

Oder auch aus Gleichgültigkeit? Gleichgültigkeit – sie hat eine schleichende, aber verheerende Wirkung. Sie treibt Risse mitten durch unsere Gesellschaft. Gleichgültigkeit hinterlässt auch die Opfer ohne Namen, ohne Gesicht, ohne Geschichte.

Deshalb setzen wir hier ein Zeichen. Mit einer elften Kerze auf dem Podest. Sie haben wir entzündet für alle bekannten wie unbekannten Opfer rechtsextremistischer Gewalt. Auch ihnen ist diese Gedenkveranstaltung gewidmet. Zu jedem dieser Menschen gehören eine Familie, Freunde und Bekannte. Ihr Leid, ihre Sorgen sind kaum zu ermessen.

Die Menschenverachtung der rechtsextremistischen Mörder ist letztlich unbegreiflich. Und doch müssen wir versuchen zu ergründen, wie und durch wen sie so geworden sind, wie sie geworden sind. Wir müssen alles tun, damit nicht auch andere junge Männer und Frauen zu solcher Menschenverachtung heranwachsen. Das sind wir den Opfern, das sind wir ihren Angehörigen, das sind wir uns allen schuldig.

Viele Hinterbliebene sind heute unter uns. Ich weiß, wie schwer ihnen das gefallen ist. Sie haben mir vorhin von ihrem großen Schmerz erzählt. Sie haben mir erzählt, wie alleingelassen sie sich gefühlt haben. Umso dankbarer bin ich, dass wir heute gemeinsam hier sein können. Ich danke auch den Angehörigen, die nachher ebenfalls das Wort an uns richten werden: Herrn Ismail Yozgat, Semiya Şimşek und Gamze Kubaşik.

Die meisten von ihnen blieben allein in ihrer Not. Denn die Hintergründe der Taten lagen im Dunkeln – viel zu lange. Das ist die bittere Wahrheit. Nur wenige hierzulande hielten es für möglich, dass rechtsextremistische Terroristen hinter den Morden stehen könnten, nachdem bislang für typisch gehaltene Verhaltensmuster von Terroristen, wie zum Beispiel Bekennerschreiben, nicht vorlagen. Das führte stattdessen zur Suche nach Spuren im Mafia- und Drogenmilieu oder gar im Familienkreis der Opfer. Einige Angehörige standen jahrelang selbst zu Unrecht unter Verdacht. Das ist besonders beklemmend. Dafür bitte ich sie um Verzeihung.

Nicht nur vergingen Jahre, ohne zumindest Fortschritte bei der Aufklärung der Taten zu erzielen. Nein, diese Jahre müssen für Sie, liebe Angehörige, ein nicht enden wollender Albtraum gewesen sein. In einem der Gespräche, die Altbundespräsident Wulff mit Hinterbliebenen geführt hat, fiel der Satz – ich zitiere: „Wir wollten einfach nur wie normale Menschen behandelt werden." Wie normale Menschen – diese drei Worte zeigen ihre ganze Verzweiflung. Wie schlimm muss es sein, über Jahre falschen Verdächtigungen ausgesetzt zu sein, statt trauern zu können?! Welche Qual ist es, wenn Nachbarn und Freunde sich abwenden, wenn sogar nächste Angehörige zweifeln?! Und wie wird man fertig mit der Skepsis, ob die Sicherheitsbehörden wirklich alles Menschenmögliche tun, um den Mord an dem Nächsten aufzuklären?!

Liebe Hinterbliebene, niemand kann Ihnen den Ehemann, den Vater, den Sohn oder die Tochter zurückbringen. Niemand kann die Jahre der Trauer und der Verlassenheit auslöschen. Niemand kann den Schmerz, den Zorn und die Zweifel ungeschehen machen. Aber wir alle können Ihnen heute zeigen: Sie stehen nicht länger allein mit Ihrer Trauer. Wir fühlen mit Ihnen. Wir trauern mit Ihnen.

Als Bundeskanzlerin der Bundesrepublik Deutschland verspreche ich Ihnen: Wir tun alles, um die Morde aufzuklären und die Helfershelfer und Hintermänner aufzudecken und alle Täter ihrer gerechten Strafe zuzuführen. Daran arbeiten alle zuständigen Behörden in Bund und Ländern mit Hochdruck. Das ist wichtig genug, es würde aber noch nicht reichen. Denn es geht

Bundeskanzlerin Angela Merkel (2012)

auch darum, alles in den Möglichkeiten unseres Rechtsstaates Stehende zu tun, damit sich so etwas nie wiederholen kann. [...]

Wir tun dies, weil wir nicht hinnehmen, dass Menschen Hass, Verachtung und Gewalt ausgesetzt werden. Wir tun dies, weil wir entschieden gegen jene vorgehen, die andere wegen ihrer Herkunft, Hautfarbe, Religion verfolgen. Überall dort, wo an den Grundfesten der Menschlichkeit gerüttelt wird, ist Toleranz fehl am Platz. Toleranz richtete sich selbst zugrunde, wenn sie sich nicht vor Intoleranz schützte.

„Die Würde des Menschen ist unantastbar. Sie zu achten und zu schützen ist Verpflichtung aller staatlichen Gewalt.“ – So beginnt unser Grundgesetz. Das war die Antwort auf zwölf Jahre Nationalsozialismus in Deutschland, auf unsägliche Menschenverachtung und Barbarei, auf den Zivilisationsbruch durch die Shoah.

„Die Würde des Menschen ist unantastbar.“ – Das ist das Fundament des Zusammenlebens in unserem Land, der freiheitlich-demokratischen Grundordnung der Bundesrepublik Deutschland.

Wann immer Menschen in unserem Land ausgegrenzt, bedroht, verfolgt werden, verletzt das die Fundamente dieser freiheitlich-demokratischen Grundordnung, verletzt es die Werte unseres Grundgesetzes. Deshalb waren die Morde der Thüringer Terrorzelle auch ein Anschlag auf unser Land. Sie sind eine Schande für unser Land. [...]

Der Staat ist hier mit seiner ganzen Kraft gefordert. Doch mit staatlichen Mitteln allein lassen sich Hass und Gewalt kaum besiegen. Die Sicherheitsbehörden benötigen Partner: Bürgerinnen und Bürger, die nicht wegsehen, sondern hinsehen – eine starke Zivilgesellschaft. Diese lässt sich nicht verordnen. Sie beruht darauf, dass sich jeder mitverantwortlich für das Ganze fühlt, dass jeder seinen persönlichen Beitrag zu einem friedlichen Zusammenleben leistet. Zivilgesellschaft wächst in den Familien. Bereits in frühen Jahren erlernen Kinder die Grundlagen eines verantwortungsbewussten Miteinanders. Sie wächst in Freundes- und Bekanntenkreisen. Sie wächst in Schulen, Vereinen und im beruflichen Umfeld. [...]

Der Kampf gegen Vorurteile, Verachtung und Ausgrenzung muss täglich geführt werden – in Elternhäusern, in der Nachbarschaft, in Schulen, Kultur- und Freizeiteinrichtungen, in religiösen Gemeinden, in Betrieben. Überall sollten wir ein feines Gehör und Gespür für die kleinen Bemerkungen, die hingeworfenen Sätze entwickeln. So manche Bemerkung nimmt man schnell mal auf die leichte Schulter – nach dem Motto: Der oder die meint das doch nicht so ernst.

Doch Intoleranz und Rassismus äußern sich keineswegs erst in Gewalt. Gefährlich sind nicht nur Extremisten. Gefährlich sind auch diejenigen, die Vorurteile schüren, die ein Klima der Verachtung erzeugen. Wie wichtig sind daher Sensibilität und ein waches Bewusstsein dafür, wann Ausgrenzung, wann Abwertung beginnt. Gleichgültigkeit und Unachtsamkeit stehen oft am Anfang eines Prozesses der schleichenden Verrohung des Geistes. Aus Worten können Taten werden.

Der irische Denker Edmund Burke hat einmal gesagt – ich zitiere: „Für den Triumph des Bösen reicht es, wenn die Guten nichts tun.“ Ja, Demokratie lebt vom Hinsehen, vom Mitmachen. Sie lebt davon, dass wir alle für sie einstehen, Tag für Tag und jeder an seinem Platz. Demokratie zu leben mutet uns zu, Verantwortung zu übernehmen für ein Zusammenleben in Freiheit – und damit für ein Leben in Vielfalt. Gelingt dies, kann Vielfalt ihren Reichtum zum Besten aller entfalten. [...]

Wir sind ein Land, eine Gesellschaft. Auch die, die zu uns aus vielen Ländern dieser Welt kommen, sind nicht einfach die Zuwanderer. Auch sie sind vielfältig und unterschiedlich. Wir alle gemeinsam prägen das Gesicht Deutschlands, unsere Identität in der globalisierten Welt des 21. Jahrhunderts – getragen von unserem Grundgesetz und seinen Werten, unserer freiheitlich-demokratischen Grundordnung, formuliert in unserer Sprache. Gemeinsam verteidigen wir alle, die wir uns zu diesen Werten bekennen, die in unserer Verfassung zu Beginn festgeschriebene unantastbare Würde des Menschen.

Das ist die Botschaft der zwölften Kerze auf dem Podest. Sie ist das Symbol unserer gemeinsamen Hoffnung und Zuversicht für eine gute Zukunft. Lassen Sie uns alle gemeinsam, jeder an seinem Platz und nach seinen Möglichkeiten, für diese Hoffnung und diese Zuversicht leben – zum Wohle unseres Landes und seiner Menschen.

2 Du hast in diesem Kapitel bereits die Rede von Semiya Şimşek bearbeitet, die auf derselben Gedenkveranstaltung gehalten wurde.

Tipp: Sie hilft dir, die Kommunikationssituation zu erschließen.

a) Nutze für die Redeanalyse auch die folgenden Hinweise.

Erkennen der Redeabsicht

- den Hintergrund der Rede recherchieren
- die Kommunikationssituation erschließen
- die unterschiedlichen Adressaten beachten
- die Verknüpfung von Redeabsicht und sprachlicher Gestaltung herausarbeiten

b) Lies noch einmal die Aufgabenstellung auf ↗ Seite 51, Aufgabe 1 und mache dir entsprechende Notizen.

c) Verfasse die Redeanalyse. Schreibe in dein Heft.

3 Überprüfe anschließend deine Redeanalyse mit Hilfe der Checkliste auf ↗ Seite 50 und überarbeite sie, falls notwendig.

Übungen

Einen Erzähltext interpretieren

Die Schreibaufgabe klären

→ Schritt 1

Ein Erzähltext kann anhand unterschiedlicher Schwerpunkte erschlossen werden. Untersuchungsgegenstände können z. B. der **Inhalt und Aufbau der Handlung,** die **Textsorte,** die **Sprache,** die **Erzähltechnik,** die **Figuren** oder die **Autorenabsicht** sein. Achte immer besonders darauf, was in der Aufgabenstellung **konkret gefordert** wird.

1 a) Lies die Aufgabenstellung genau und unterstreiche Relevantes.

Untersuche die Figurenkonstellation in Max Bolligers Kurzgeschichte „Sonntag". Wie wird das Verhältnis von Daniela zu ihren Eltern dargestellt? Gehe dabei auch auf die Erzählperspektive ein.

b) Formuliere in eigenen Worten, welche Schwerpunkte du in deiner Textinterpretation setzen sollst.

---

2 Lies die Kurzgeschichte „Sonntag" von Max Bolliger.

Sonntag

Max Bolliger (1985)

„Was möchtest du?", fragte der Vater.

Daniela studierte die Karte und entschied sich für Riz colonial.

„Gern!", sagte der Kellner. Er behandelte Daniela wie eine Dame.

Das Restaurant war bis auf den letzten Platz besetzt. Am Nebentisch saß ein Ehepaar mit zwei Kindern. Die beiden stritten sich wegen einer kleinen Puppe aus Plastik. Die Mutter versuchte, den Streit zu schlichten. Daniela sah, wie der Junge seine Schwester unter dem Tisch dauernd mit den Füßen stieß. Das Dessert machte dem Gezank ein Ende.

Daniela erinnerte sich, wie sehnlichst sie sich einmal ein Schwesterchen gewünscht hatte.

„Wie geht es in der Schule?", fragte der Vater.

„Wie immer", antwortete Daniela.

„Wird es fürs Gymnasium reichen?"

„Ja, ich hoffe es."

Daniela wusste genau, dass ihre Noten weder in Mathematik noch in Französisch genügten.

Dann eben eine kaufmännische Lehre ... oder Arztgehilfin ... Sie wollte jetzt nicht daran denken.

„Für mich waren Prüfungen nie ein Problem", sagte der Vater.

Daniela war froh, als der Kellner das Essen brachte.

Der Reis mit Fleisch und Früchten schmeckte ihr.

„Deine Mutter konnte nie richtig kochen“, sagte der Vater.

Daniela gab darauf keine Antwort.

„Ich brauche einen neuen Wintermantel“, sagte sie.

„Schon wieder?“

„Ich bin seit dem letzten Jahr zehn Zentimeter gewachsen.“

„Wofür bezahl’ ich eigentlich Alimente?“

„Mutter sagt, das Geld reiche nur für das Nötigste.“

„Gut! Aber ich will die Rechnung sehen.“

„Wünschen die Herrschaften ein Dessert?“

Der Kellner versuchte, mit Daniela zu flirten.

„Nein, danke!“, sagte sie, obwohl sie sich heute früh in der Kirche ausgedacht hatte, Vanilleeis mit heißer Schokoladensoße zu essen.

Nach dem Essen fuhren sie am See entlang.

Der Vater hatte ein neues Auto.

Er sprach über Autos wie die Jungen in der Schule.

Daniela verstand nicht, warum man sich über ein Auto freuen konnte, nur weil es einen starken Motor hatte. Aus dem Radio erklang Volksmusik. Sie fiel Daniela auf die Nerven. Aber sie stellte sie trotzdem lauter.

„Hast du viel Arbeit?“, fragte sie.

„Wir bauen eine neue Fabrik.“

Der Vater war Ingenieur. Daniela betrachtete ihn von der Seite, neugierig, wie einen Gegenstand. Sein Gesicht war braun gebrannt, sportlich. Der Schnurrbart stand ihm gut.

Hatte er ihre Gedanken erraten?

„In zwei Wochen werde ich vierzig! Aber alle schätzen mich jünger.“

Daniela lachte. Ihr schien er älter.

„Wie alt bist du eigentlich?“

„Hundert!“, sagte Daniela.

„Nein, ehrlich ...!“

„Das solltest du doch wissen. Du fragst mich jedes Mal ... Im Februar dreizehn.“

„Dreizehn! Hast du einen Freund?“

„Nein!“, sagte Daniela.

„Das wundert mich. Du siehst hübsch aus!“

„Findest du?“

„So ... erwachsen!“

Auf einer Terrasse am See tranken sie Kaffee. Daniela beobachtete die Segelschiffe.

Der schöne Herbstsonntag hatte unzählige Boote aufs Wasser hinausgelockt.

Der Vater war verstummt und schaute alle fünf Minuten auf seine Uhr.

„Ich habe um vier Uhr eine Verabredung."

„Also, gehen wir doch", sagte Daniela und erhob sich.

Der Vater schien erleichtert. „Ich bringe dich nach Hause", sagte er.

„Ach, du bist schon wieder da?", sagte die Mutter.

Sie war noch immer im Morgenrock. Während der Woche arbeitete sie halbtags in einer Modeboutique. ‚Sonntags lasse ich mich gehen', sagte sie zu ihren Freunden, ‚sonntags bin ich nicht zu sprechen.'

„Er hatte eine Verabredung", erzählte Daniela.

Die Mutter lachte.

„Ich möchte wissen, warum er eigentlich darauf besteht, dich zu sehen. Im Grunde liegt ihm doch nichts daran. Nur weil es das Gericht so entschieden hat und um mich zu ärgern."

Daniela wurde wütend.

„Es geht ihm ausgezeichnet", sagte sie. „Er hat sich ein neues Auto gekauft und sieht prima aus."

Die Mutter zuckte bei ihren Worten zusammen.

„Und den Wintermantel?", fragte sie.

„Bewilligt!"

Die Mutter griff sich mit der Hand an die Stirne.

„Diese Kopfschmerzen!", stöhnte sie. „Hol mir eine Tablette im Badezimmer!"

Daniela gehorchte.

„Ich gehe jetzt", sagte sie nachher.

„Hast du keine Aufgaben?"

„Nein!"

„Aber komm nicht zu spät zurück!"

„Ich esse bei Brigitte."

„Gut, bis neun Uhr. Ich lege mich wieder hin."

Als Daniela die Tür des Lokals öffnete, schlug ihr eine Welle von Rauch- und Kaffeegeruch entgegen. An den niederen Tischen saßen junge Leute, die meisten in Gespräche vertieft. Die Wände waren mit Postern tapeziert. Danielas Augen gewöhnten sich allmählich an das Halbdunkel. Suchend schaute sie sich um.

Der Discjockey nickte Daniela zu.

„Well, I left my happy home to see what I could find out", sang Cat Stevens.

Ja, er hatte Recht. Um herauszufinden, wie die Welt wirklich war, musste man sein Zuhause verlassen.

Heinz hatte Daniela den Text übersetzt. Heinz war schon sechzehn Jahre alt. Sie war stolz darauf.

Er saß in einer Ecke und winkte.

Aufatmend setzte sich Daniela neben ihn. Er legte einen Arm um ihre Schultern.

„Hast du den Sonntag überstanden?", fragte er.

„Ja, Gott sei Dank!"

„War es schlimm?"

„Es geht ... wie immer."

„Mach dir nichts draus."

Daniela kuschelte sich an ihn.

„Was meinst du, werden wir es besser machen?", fragte sie. „Wenn wir einmal erwachsen sind?"

In ihrer Stimme klangen Zweifel.

„Natürlich", sagte Heinz, „natürlich werden wir es besser machen."

Schritt 2 ←

Den Text erschließen

1 **a)** Wie wirkt der Text auf dich? Schreibe deinen ersten Eindruck auf.

b) Lies den Text ein zweites Mal. Markiere wichtige Textstellen.

2 Untersuche die Figuren genauer.

a) Worüber spricht der Vater mit Daniela? Schreibe auf, was du daraus über seine Gedanken und Empfindungen schließen kannst.

b) Lies den folgenden Textauszug:

„Ich möchte wissen, warum er eigentlich darauf besteht, dich zu sehen. Im Grunde liegt ihm doch nichts daran. Nur weil es das Gericht so entschieden hat und um mich zu ärgern." (Z. 64–65)

Wie ist die Einstellung der Mutter zu Danielas Treffen mit ihrem Vater?
Verfasse einen inneren Monolog. Schreibe in dein Heft.

3 **a)** Beschreibe die Figuren mit passenden Adjektiven. Gib Textbelege in Klammern an.

Daniela: *unehrlich (Z. 12: „Ja, ich hoffe es."),* ______________________

____

____

____

Vater: ______________________

____

____

____

Mutter: ______________________

____

____

____

b) Wie stehen die Figuren zueinander? Ergänze das Schaubild mit Hilfe der Adjektive aus ↗ Aufgabe 3 a.

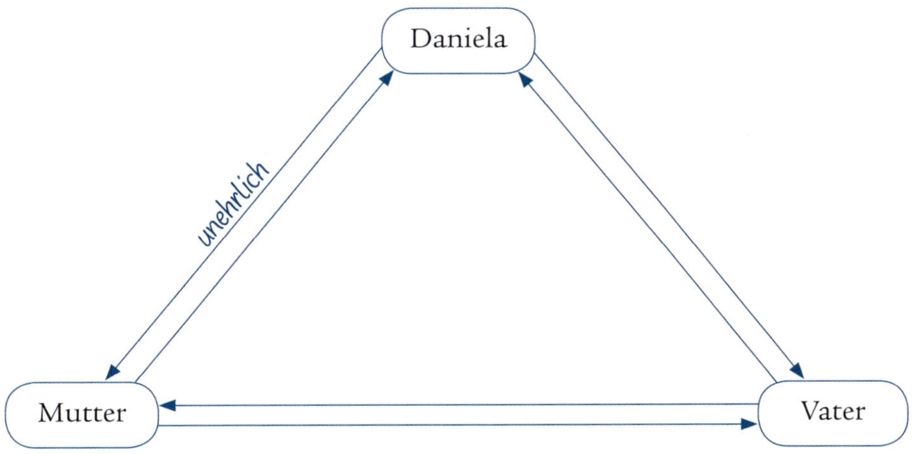

4 Was meint Heinz, wenn er Daniela fragt, ob sie den Sonntag gut überstanden hat?

Hinweis
Belege dein Ergebnis mit Zeilenangaben.

a) Analysiere das Verhältnis von Daniela zu ihrem Vater. Lies dazu die Zeilen 1–57 noch einmal genau und fasse dein Ergebnis in drei bis vier Sätzen zusammen.

b) Untersuche, was der Text über das Verhältnis von Daniela zu ihrer Mutter aussagt. Lies dazu die Zeilen 58–80 und fasse dein Ergebnis kurz zusammen.

Tipp
Lies die Hinweise zum richtigen Zitieren auf ↗ Seite 33.

5 **a)** Prüfe, welche Erzählperspektive dem Text zugrunde liegt. Begründe in eigenen Worten und belege dein Ergebnis am Text. Nutze als Hilfe auch den Merkkasten.

Die Erzählperspektive

auktorial: Der Erzähler ist nicht Teil der erzählten Welt. Er hat den Überblick über das gesamte Geschehen und kann daher rückblicken und vorausschauen, bewerten und kommentieren. Zudem kann er sich in die Figuren hineinversetzen.

personal: Der Erzähler ist eine Figur der fiktiven Welt; sein Wissenshorizont beschränkt sich auf die eigene Figurenperspektive.

neutral: Der Erzähler ist nicht Teil der erzählten Welt und gibt die Vorgänge und Handlungen unkommentiert und ohne Ausschmückung wieder.

b) Untersuche die Wirkung, die die Geschichte dadurch erhält, dass sie aus der Perspektive von Daniela und nicht von einem auktorialen Erzähler berichtet wird, der am Geschehen unbeteiligt ist. Belege deine Antwort am Text.

Planen

→ Schritt 2

Der Aufbau einer Erzähltextanalyse gliedert sich in **Einleitung, Hauptteil** und **Schluss.** In der **Einleitung** machst du **Angaben zu Autor und Text**. Außerdem gehst du auf die **Aufgabenstellung** ein und schreibst eine **kurze Inhaltsangabe.**

1 a) Ergänze die folgenden Angaben zum Text.

Autor: ______ Textsorte: ______

Titel: ______ Erscheinungsjahr: ______

b) Fasse den Text „Sonntag" von Max Bolliger für deine Einleitung in drei bis vier Sätzen zusammen. Beachte auch die folgenden Hinweise zur Inhaltsangabe.

- immer im Präsens schreiben
- den Text in eigenen Worten wiedergeben
- sachlich und genau formulieren
- keine Wertungen vornehmen
- keine Zitate einbinden
- so knapp wie möglich schreiben

2 a) Ergänze das folgende Gliederungsschema für den Hauptteil mit Hilfe deiner Notizen und Vorarbeiten. Arbeite mit Textbelegen.

I Erzählperspektive:

II Figurenkonstellation:

b) Ordne deine Notizen nach Wichtigkeit, indem du sie nummerierst.

c) Fehlen dir noch Informationen? Dann lies den Text noch einmal und ergänze das Gliederungsschema.

3 Im Schluss ziehst du ein Fazit oder schreibst einen weiterführenden Gedanken auf. Mache erste Stichpunkte.

Tipp
Beachte, dass du die Ergebnisse im Schluss knapp zusammenfasst, ohne alles zu wiederholen.

Schreiben

→ Schritt 3

1 Stelle die beiden folgenden Zitate in einen Deutungszusammenhang.
Nutze dabei die Formulierungshilfen im Kasten.

- „‚Nein, danke!‘, sagte sie, obwohl sie sich heute früh in der Kirche ausgedacht hatte, Vanilleeis mit heißer Schokoladensoße zu essen.“ (Z. 28 f.)
- „‚Ich möchte wissen, warum er eigentlich darauf besteht, dich zu sehen. Im Grunde liegt ihm doch nichts daran. Nur weil es das Gericht so entschieden hat und um mich zu ärgern.‘“ (Z. 64 f.)

Tipp
Lies die Hinweise zum richtigen Zitieren auf ↗ Seite 33.

wie in der Aussage zu erkennen ist, ...; dies zeigt sich daran, dass ...; dies zeigt z. B. ...; hieran kann man erkennen, dass ...; ... kann durch die Aussage im folgenden Zitat belegt werden

2 Schreibe deine Interpretation in dein Heft. Verwende deine Vorarbeiten und nutze auch die folgenden Formulierungsbeispiele.

Meine Anfangsthese sehe ich nach meinen Ausführungen also bestätigt ...
Nach allem konnte gezeigt werden, dass ...
Als Resümee lässt sich festhalten, dass ...
Abschließend ...
Die Interpretation hat gezeigt, dass ...

Überarbeiten

→ Schritt 4

1 Überprüfe deine Interpretation mit Hilfe der Checkliste auf ↗ Seite 64.

a) Markiere alle Textstellen, die du verändern solltest und verbessere sie.

b) Schreibe deine Interpretation, wenn nötig, komplett verbessert auf.

Einen Erzähltext interpretieren

Mit der Checkliste kannst du deine Texte selbst überprüfen. Für jeden deiner Texte hast du eine Spalte.

Verwende folgende Markierungen:

++ Hier erfüllt dein Text die Anforderungen voll.

\+ Hier erfüllt dein Text die Anforderungen mit geringen Fehlern.

+/– Hier finden sich einige Fehler. Du solltest in Zukunft noch genauer auf diesen Punkt achten.

– Hier finden sich noch viele Fehler. Schau dir den entsprechenden Teil im Übungskapitel erneut an.

	Text 1	Text 2	Text 3
Inhalt			
Die **Einleitung** enthält die wesentlichen Informationen zu **Autorin/Autor** und **Text,** eine **knappe Inhaltsangabe** und einen **Einleitungsgedanken,** der zum Thema hinführt.			
Der **Hauptteil** ist logisch aufgebaut und enthält die gewonnenen Erkenntnisse in Bezug auf die Aufgabe.			
Die **Gedanken** sind nachvollziehbar und werden **durch** geeignete **Textstellen belegt.**			
Im **Schluss** werden die Ergebnisse zusammengefasst, ohne alles noch einmal zu wiederholen.			
Der Schluss nimmt noch einmal Bezug auf die Aufgabenstellung und enthält ein **abschließendes Urteil / eine Bewertung** der Geschichte.			
Ausdruck			
Es werden **anschauliche Adjektive** und **aussagekräftige Verben** verwendet.			
Die **Wortwahl** ist **abwechslungsreich. Unnötige Wortwiederholungen** werden vermieden.			
Die **Satzanfänge** sind **abwechslungsreich.**			
Sprachliche Richtigkeit			
Grammatik und Rechtschreibung sind korrekt.			
Die Textbelege wurden **korrekt zitiert.**			

Einen Erzähltext interpretieren

1 Du sollst anhand der folgenden Aufgabenstellung den Erzähltext „Im Warenhaus" von Anna Drawe interpretieren.

Untersuche, wie in der Kurzgeschichte „Im Warenhaus" von Anna Drawe das Verhältnis von der alten Frau zu Betty Warner dargestellt wird. Gehe dabei auch darauf ein, warum die alte Frau sich Betty erst so spät zu erkennen gibt und wie sich die Situation auf Betty auswirkt.

Bearbeite die vorbereitenden ↗ Aufgaben 1 a bis c, bevor du die Interpretation schreibst.

a) Lies den Text „Im Warenhaus" von Anna Drawe und markiere wichtige Textstellen.

Im Warenhaus

Anna Drawe

Betty Warner war eine gute Seele, aber sie hatte Hunger und die Brieftasche, die aus der Hosentasche des Mannes hervorlugte, der im großen Warenhaus vor ihr her ging, reizte ihre Begierde. Ihr war auch sehr kalt, ihre Kleider waren dünn, einen Mantel besaß sie nicht mehr. Zudem war sie eben an vielen Stellen gewesen, wo sie sich vergeblich um Arbeit bemüht hatte.
Sie war nicht ins Warenhaus gekommen, um Einkäufe zu machen, sondern nur, um sich zu wärmen, sie fror bis ins Innerste. Sie bemühte sich, nicht auf die Brieftasche zu schauen, aber die blickte so verführerisch zwischen den Rockschößen des Mannes hervor, und sie sah es dem Herren an, dass er schon einmal eine Brieftasche verlieren konnte. Denn das, was allein sein Anzug kostete, hätte ihr monatelang zum Lebensunterhalt genügt.
Sie ging dicht hinter der Brieftasche und schaute die Leute ringsum an: eine freundlich aussehende, kleine, alte Frau in Schwarz, zwei junge Mädels, die lebhaft miteinander plauderten. Wenn nicht ein Augenblick gekommen wäre, in dem die kleine, alte Frau nach einem Taschentuch herumsuchte und die Mädels verschwunden wären, so hätte Betty die Brieftasche nicht genommen. In diesem Augenblick fiel jede Scheu und Hemmung von ihr ab. Sie nahm die Brieftasche mit einer hastigen Bewegung und ließ sie in ihrer Handtasche verschwinden.
Dieser fürchterliche Augenblick war nun vorüber, und sie war wieder das nette, rosige Mädchen, das in ihrem ganzen Leben kaum etwas wirklich Schlechtes begangen hatte. Sie blieb stehen und tat so, als ob sie sich seidene Strümpfe anschaute. Am selben Ladentisch stand die kleine, alte Frau. War sie Betty absichtlich gefolgt?
„Sie sehen müde aus", sprach die kleine, alte Frau, „warum gehen Sie nicht in den Damenwarteraum und ruhen sich aus?"
„Ich – ich kann nicht, ich ... muss gehen", stammelte das Mädchen. In der warmen Luft wurde ihr, die schon lange nichts mehr gegessen hatte, schwindelig, sie taumelte und ließ ihr Handtäschchen fallen. Die kleine, alte Frau hob es auf und reichte es ihr. „Trotzdem sollten Sie erst ein wenig ausruhen." Aber Betty hörte es nicht. Sie hielt sich am Ladentisch, sie zitterte vor Angst.

Über den Köpfen der Menge hin, die durch die Gänge des Warenhauses wogten, hatte sie das besorgte Gesicht des Besitzers der Brieftasche wahrgenommen, und neben ihm schimmerte eine Schutzmannsuniform. Die Leute im Warenhaus erschienen Betty alle wie sehr entfernte, kleine schwarze Punkte, so aufgeregt war sie.

„Gehn Sie nicht weg von mir“, bat Betty, „ – gehen Sie nicht fort!“ Die kleine, alte Frau gab keine Antwort. Sie sah den Schutzmann an. Denn er berührte eben Betty an der Schulter.

„Dieser Herr“, sagte er grob, „ – hat seine Brieftasche verloren.“

Das Mädchen stammelte ein paar Worte, die ihr selbst fremd klangen. Dem Besitzer der Brieftasche schien sie leid zu tun. Er begann: „Ich sage ja nicht, dass Sie die Brieftasche genommen haben, aber Sie waren ganz dicht hinter mir, als es geschah. Sie ging zuerst vor mir“, sagte er zum Schutzmann, „dann blieb sie zurück, und eine Sekunde später war die Tasche fort.“

Betty glaubte, in den Erdboden zu versinken. Sie starte besinnungslos vor sich hin, während der Schutzmann die Handtasche öffnete. Sie starrte noch immer, als er die Tasche auf den Ladentisch warf und zu dem Herrn sagte: „Das junge Mädchen hat sie nicht!“

Sie sah die beiden Männer fortgehen, aber ihre vor Angst stumpfen Sinne erfassten es nicht.

„Ich habe natürlich die Brieftasche herausgenommen“, sagte die kleine, alte Frau, indem sie das Mädchen zum Ausgang führte.

„Der Schutzmann wird die Adresse des Herrn haben, und ich will dafür sorgen, dass er die Tasche zurückerhält. Sind Sie hungrig?“

„Ja, sehr.“

„Sie mussten Ihren Mantel verkaufen aus Not, nicht wahr? Sie scheinen stellenlos zu sein und ohne Geld?“

„Ja.“

„Hm – das hab ich mir doch gedacht.“

„Warum – warum haben Sie das für mich getan?“

„Weil ich solche Fälle kenne. Es war das erste Mal, dass Sie so etwas machten?“

„Ja.“

„Versprechen Sie mir, es niemals wieder zu tun?“

„Ach ja, nie ... nie wieder!“

„Sehen Sie“, sagte die alte Frau, „darum hab ich’s getan. Und jetzt, Kind, wollen wir etwas essen gehen.“

„Wer ... wer sind Sie?“, fragte das Mädchen.

Die kleine, alte Frau lächelte: „Ich bin nur die Warenhausdetektivin“, sagte sie.

b) Fasse zusammen, wie sich die Gefühlslage von Betty Warner vom Diebstahl bis zu ihrer Entlastung durch die alte Dame entwickelt (Z. 10–41). Verwende passende Adjektive und gib Textbelege an.

ängstlich,

c) Lies noch einmal die folgende Textpassage (Z. 12–15).

Wenn nicht ein Augenblick gekommen wäre, in dem die kleine, alte Frau nach einem Taschentuch herumsuchte und die Mädels verschwunden wären, so hätte Betty die Brieftasche nicht genommen. In diesem Augenblick fiel jede Scheu und Hemmung von ihr ab. Sie nahm die Brieftasche mit einer hastigen Bewegung und ließ sie in ihrer Handtasche verschwinden.

Überlege, warum die alte Frau zulässt, dass Betty die Brieftasche stiehlt. Belege deine Einschätzung am Text.

d) Schreibe mit Hilfe deiner Notizen und deiner Ergebnisse aus den ↗ Aufgabe 1 a bis c die Textanalyse in dein Heft.

2 Überprüfe deinen Text mit Hilfe der Checkliste auf ↗ Seite 64. Korrigiere Fehler und überarbeite deinen Text, wenn nötig.

Einen Erzähltext interpretieren

1 Lies die Kurzgeschichte „Grün ist schöner" von Gabriele Wohmann und löse dazu die folgende Aufgabenstellung. Bearbeite zunächst die ↗ Aufgaben a–d.

Verfasse eine Erzähltextanalyse zu Gabriele Wohmanns Kurzgeschichte „Grün ist schöner". Achte dabei besonders auf die Erzählperspektive und untersuche die sprachliche Gestaltung, mit der der Zustand des Kindes beschrieben wird.

a) Markiere die unterschiedlichen Erzählperspektiven am Rand des Textes mit verschiedenen Farben.

b) Unterstreiche die Adjektive, die mit den Veränderungen des Kindes im Zusammenhang stehen.

c) Fasse zusammen, inwiefern die Figur der Mutter die Annahme bei der Leserin / beim Leser verstärkt, dass das Kind grün sei. Gib Zeilenangaben an.

d) Untersuche, ob es dem Kind gefällt, sich selbst grün zu sehen. Belege dein Ergebnis am Text. Schreibe in dein Heft.

2 Schreibe die vollständige Textanalyse in dein Heft. Überarbeite deinen Text anschließend mit Hilfe der Checkliste auf ↗ Seite 64.

Grün ist schöner

Gabriele Wohmann (1960)

Ich bin ein grüner Mensch. Grün mit grünblauen Placken. Grüne Haut. Die Lippen von einem so schwärzlichen Grün, daß die Leute sich fürchten. Das wird überhaupt schlimm, wenn ich mal mehr unter Leute komme. In der Schule und dann als Erwachsener. Ich muß so viel wie möglich verdecken. Doktor Stempel hat immer auch Handschuhe an. Er hat Ekzem. Bei mir werden auch alle Leute neugierig drauf sein, was ich unter den Handschuhen habe. Sie werden denken, ich hätte Ekzem. Ich muß auch einen Namen dafür finden.

Das Kind drehte sich vor dem langen Badezimmerspiegel, betrachtete seinen nackten Körper, hob die stengeldünnen Ärmchen – alles grün, unten, oben; innen auch? Es trat näher an den Spiegel, streckte die Zunge heraus: finstre bläuliche Grünporen, ein fetter Grünlappen hing über die dunklen Lippen. Also auch innen grün. Es wischte den Tau seines Atems vom Glas, es lächelte sich zu: die blassen Zähne gefielen ihm.

Häßlich bin ich nicht. Nur unheimlich. Grüne Haut ist eigentlich schöner als braune oder rosige.

– Bist du schon im Wasser? rief die Stimme der Mutter die Treppe herauf und durch den Gangschlauch zu ihm ins Badezimmer. Bist du schon ein Frosch im Wasser?

Grüner Frosch im Wasser.

– Ja! schrie es.

Es patschte sich schnell in die knisternden Schaumwolken, glitschte an der Wannenschräge hinunter und schwitzte und schnaubte.

Aber das grüne Gesicht wird jeder sehn. Grün mit grünblauen Sprenkeln und einer fast schwarzen Zunge hinter schwarzen Lippen. Ich trag das grüne Haar tief in die Stirn, später krieg ich auch einen Bart, der wird auch grün. Und ich habe einen grünen Hals, ich winde immer einen Schal drumherum, der verdeckt auch den Nacken. Die Leute können denken, ich wär bloß im Gesicht grün. Alles andere ist normal. Ich sag: an den Händen hab ich Ekzem, deshalb die Handschuhe. Sonst zeigt man ja nichts. Ich werde immer lange Hosen tragen.

– Ists schön im Wasser, du Frosch? rief die Mutter.

– Ja! schrie es.

Alle werden denken: wie ein Frosch sieht er aus. Aber ich kann natürlich nicht mit Mädchen und so, wie Dicki das macht, baden gehn. Ich bin ganz zurückhaltend, alle wollen mit mir baden gehn, alle Mädchen, immer werd ich gequält von allen Mädchen, baden zu gehn, aber ich bin ganz vornehm und ganz grün. Ich geh in der heißesten Sonne mit meinem Schal spazieren und mit den Handschuhen.

– Fröschlein, rief die Mutter, gleich komm ich und seh nach, ob du sauber bist.

Das Grüne wird mich natürlich von den anderen absondern. Ich werd wie Onkel Walter: ein einsamer alter Mann. Nur schon, bevor ich alt bin.

Von der Badewanne aus konnte es in den Spiegel sehn. Es hob einen Arm aus dem Wasser: Schaumbläschen flüsterten; das nasse Grün glänzte, es sah schärfer und krasser aus als das trockne.

Schade, daß niemand je meine strahlende nasse Grünhaut sehn wird. Ich werde ein einsamer grüner Mann. Wie eine Schlange. Der Schlangenmann.

– Fröschlein, rief die Mutter, gleich hol ich dich raus!

– Ja! rief es.

Jetzt hab ich noch die Mutter, die weiß es. Später weiß es keiner mehr.

Er hörte die flinken Schritte auf der Treppe, im Gang. Die Tür klaffte; es hielt die Hände vor die Augen, denn dazu hatte es gar keine Lust! Ein Strom frischer Luft zog herein, und die Mutter knipste die Höhensonne aus und schaltete das gelbe weiche Deckenlicht an und sagte:

– So, nun komm, mein blasser sauberer Froschmann. R

Übungen

Eine Gedichtinterpretation schreiben

Schritt 1 ←

Die Schreibaufgabe klären

Bei einer **Gedichtinterpretation** legst du dein **Textverständnis** anhand einer **genauen Analyse des Textes** dar. Der Fokus dieser Analyse liegt auf dem **Inhalt,** der **sprachlichen Umsetzung** und der **Wirkung auf den Leser** – diese drei Aspekte musst du miteinander verknüpfen. In der Gedichtinterpretation gehst du auf die folgenden Fragen ein:

Wie wirkt es auf mich? (Wirkung)

Was wird gesagt? (Inhalt)

Wie wird es gesagt? (Sprache)

Deine Deutung musst du am Text **begründen** und **mit Textstellen belegen.**

1 Kläre, worauf du den Fokus deiner Interpretation legen wirst.

a) Lies die Aufgabenstellung genau.

Schreibe eine Interpretation zu Mascha Kalékos Gedicht „Für Einen". Gehe dabei besonders auf die Meeresmetaphorik und die Stimmung ein, die das lyrische Ich vermittelt.

b) Lege fest, auf welche der Deutungsebenen im Merkkasten du am stärksten eingehen willst. Kreuze an.

☐ Wirkung

☐ Inhalt

☐ Sprache

Schritt 2 ←

Planen – das Gedicht erschließen

1 Lies das Gedicht von Mascha Kaléko laut. Achte dabei auf Sprechpausen.

Suche im Internet eine Vertonung des Gedichts. Höre sie dir an und markiere rhythmische Auffälligkeiten.

Für Einen

Mascha Kaléko (1956)

Die Andern sind das weite Meer.
Du aber bist der Hafen.
So glaube mir: kannst ruhig schlafen,
Ich steure immer wieder her.

Denn all die Stürme, die mich trafen,
Sie ließen meine Segel leer.
Die Andern sind das bunte Meer,
Du aber bist der Hafen.

Du bist der Leuchtturm. Letztes Ziel.
Kannst, Liebster, ruhig schlafen.
Die Andern ... das ist Wellen-Spiel,

Du aber bist der Hafen. [R]

Die Wirkung des Gedichts beschreiben

2 Wähle aus dem Kasten zwei Begriffe aus, die das Gedicht treffend beschreiben, und unterstreiche sie. Begründe deine Wahl kurz.

lebhaft – beruhigend – traurig – überzeugend – lustig – nachdenklich – einschläfernd – versichernd – aufmunternd – gelassen

Das Gedicht wirkt auf mich ______________________________,

weil ______________________________

____

3 Untersuche die Sprechhaltung des lyrischen Ichs. Welchen Eindruck macht das lyrische Ich auf dich? Unterstreiche auch hierzu einen passenden Begriff und formuliere einen Satz.

Den Sprecher in einem Gedicht bezeichnet man als lyrisches Ich. Das lyrische Ich darf nicht mit dem Verfasser eines Gedichts gleichgesetzt werden.

Das lyrische Ich wirkt ______________________________

Dies führe ich darauf zurück, dass ______________________________

____

Die Deutungshypothese formulieren

4 Die Deutungshypothese sagt aus, wie du das Gedicht verstehst. Diese Kernaussage gilt es, im Hauptteil der Interpretation zu erläutern.
Lies die nachfolgenden Deutungshypothesen.

a) Kreuze die Hypothese an, die deiner Meinung nach am besten zutrifft.

☐ Das Gedicht zeigt, dass die Liebe stärker ist als alles andere.

☐ Das lyrische Ich versichert seinem Geliebten, dass es immer wieder zu ihm zurückkehren wird, egal was passiert.

☐ Das lyrische Ich bekennt, dass niemand jemals so bedeutsam für es sein wird wie der Geliebte.

b) Stelle eine eigene Deutungshypothese auf.

____

____

____

Die Form bestimmen

Zur formalen Analyse des Gedichts gehören Aussagen zu **strophischer Gliederung, Reimen, Metrum** und **Kadenzen** des Gedichts.

5 Schau dir die äußere Form des Gedichts an und vervollständige den Satz.

Das Gedicht hat ______ Strophen, die aus jeweils ______ Versen bestehen.

6 Untersuche das Reimschema des Gedichts.

a) Verbinde dazu die sich reimenden Verse mit Linien.

b) Kennzeichne jeden Reim durch einen Buchstaben. Wo ein neuer Reim beginnt, muss dieser mit einem neuen Buchstaben kenntlich gemacht werden. Schreibe deine Beobachtungen auf.

7 **a)** Das Metrum gibt den Wortakzent (die Betonung) eines Wortes an. Lies die Beispiele im Merkkasten entsprechend ihrer Betonung laut vor.

Tipp
Eine betonte Silbe am Versende nennt man **männliche Kadenz.**
Eine unbetonte Silbe am Versende nennt man **weibliche Kadenz.**

Die häufigsten Arten des Metrums

Jambus: umfasst jeweils zwei Silben. Auf eine unbetonte Silbe folgt eine betonte.
x x́ x x́ x x́ x x́ x
Bsp.: *Die Spu·ren der an·ti·ken Grie·chen.*

Trochäus: umfasst zwei Silben. Die erste Silbe ist betont, die zweite unbetont.
x́ x x́ x x́ x
Bsp.: *Träu·men, sin·gen, spie·len!*

Daktylus: umfasst drei Silben. Auf eine betonte folgen zwei unbetonte Silben.
x́ x x x́ x x x́
Bsp.: *Som·mer, die son·ni·ge Zeit!*

Anapäst: umfasst drei Silben. Die ersten beiden Silben sind unbetont, die dritte betont.
x x x́ x x x́ x x x́
Bsp.: *Har·mo·nie, Sin·fon·ie, E·le·fant.*

b) Wähle ein Versmaß aus und schreibe einen eigenen Vierzeiler.

c) Setze in den folgenden Versen die Betonungen wie im Merkkasten auf ↗ Seite 72.
Die Silbentrennung hilft dir dabei.

Die An·dern sind das wei·te Meer.

Du a·ber bist der Ha·fen.

So glau·be mir: kannst ru·hig schla·fen.

Ich steu·re im·mer wie·der her.

d) Erkennst du ein regelmäßiges Metrum? Wie wirkt dieses Metrum auf dich?
Benenne Besonderheiten.

8 Kennzeichne auch die Betonungen in den anderen Strophen auf ↗ Seite 70.
Notiere Auffälligkeiten im Metrum. Schreibe in dein Heft.

Der Inhalt des Gedichts

9 Schreibe zu jeder Strophe des Gedichts eine kurze inhaltliche Zusammenfassung.
Diese ist die Grundlage für die Interpretation.

In der ersten Strophe stellt das lyrische Ich ... gegenüber

Die Sprache untersuchen

10 In dem Gedicht von Mascha Kaléko wiederholen sich immer wieder die Bildbereiche *Hafen* und *Meer* – schreibe jeweils drei Adjektive auf, die du mit den Begriffen verbindest.

Hafen: *sicher,* ______________________

Meer: *abenteuerreich,* ______________________

11 Das Gedicht ist geprägt von der Gegenüberstellung des *Einen* mit den *Andern*. Schreibe auf, welche Adjektive das lyrische Ich jeweils verwendet.

der Eine: ______________________

die Andern: ______________________

12 Welcher Eindruck entsteht vom *Einen* und von den *Andern* durch die im Gedicht verwendeten Metaphern? Berücksichtige dazu auch deine Assoziationen aus Aufgabe 11 und aus dem Merkkasten zur bildhaften Sprache auf ➚ Seite 75.

____

____

____

____

13 Welche Rückschlüsse lassen die Wahl der Metaphern, die Stimmung des Gedichts und die Sprechweise des lyrischen Ichs zu? Mache dir Notizen.

____

____

____

____

____

____

____

____

____

Bildhafte Sprache

Vergleich: Zwei Begriffe werden miteinander kontrastiert. Entscheidend ist das Vergleichswort ***wie.***

Bsp.: *Du bist für mich wie ein Hafen.*

Personifikation: Unbelebte Dinge erhalten **menschliche Eigenschaften.**

Bsp.: *Das Meer spricht zu mir.*

Metapher: Wird häufig als „Vergleich ohne wie" bezeichnet. Zwei Begriffe, die ein gemeinsames Merkmal haben, werden miteinander in Verbindung gebracht.

Bsp.: *Du bist der Hafen.* gemeinsames Merkmal: Ein Ort, an dem man sicher ist, an den man immer wieder zurückkehren kann.

Die Gedichtinterpretation schreiben

→ **Schritt 3**

Die Einleitung schreiben

Die **Einleitung** einer Gedichtinterpretation sollte kurz gefasst sein und die **wichtigsten Informationen** zum Gedicht enthalten: **Titel** und **Erscheinungsjahr, Textsorte** und **Name des Autors.**

1 Vervollständige die Einleitung zu dem Gedicht „Für Einen" von Mascha Kaléko. Füge dazu auch die Deutungshypothese an und ergänze eine passende Verknüpfung.

In dem ______ „Für Einen" von ______ aus dem Jahre ______

______

______

______

Den Hauptteil / die formale Analyse schreiben

2 Schaue dir nun deine Einzelergebnisse zu Strophen, Reim und Metrum im Planungsteil an und fasse sie als zusammenhängenden Text in deinem Heft zusammen. Gehe dabei folgendermaßen vor:

- Gib kurz den Inhalt der Gedichtsstrophen wieder.
- Nenne die beiden zentralen Metaphern und deren Wirkung in den einzelnen Strophen.
- Beschreibe die Wirkung des Gedichts auf dich.

Tipp
Beachte die Hinweise zum richtigen Zitieren auf ↗ Seite 33.

Den Schluss schreiben

Der **Schlussteil** deiner Gedichtinterpretation bündelt deine wichtigsten Erkenntnisse und greift die anfangs gewählte Deutungshypothese noch einmal auf.

3 Lies den folgenden Ausschnitt aus einem Schüleraufsatz. Schreibe auf, was du gelungen und was du weniger gut findest.

In allen drei Strophen beschreibt das lyrische Ich, dass es den Geliebten niemals verlassen wird. Das lyrische Ich vergleicht sich mit einem Schiff, das immer wieder auf das offene Meer hinausfährt, aber egal, wie weit es wegfährt, immer wieder zum Geliebten zurückkehrt.

4 Schreibe nun auf der Grundlage deiner Ergebnisse einen Schluss.
Du kannst

a) die wichtigsten Ergebnisse zusammenfassen und ein Fazit formulieren.

b) deine Deutungshypothese vom Anfang bekräftigen, indem du sie noch einmal aufgreifst.

Schritt 4 ←

Die Gedichtinterpretation überarbeiten

1 Gehe deine Gedichtinterpretation mit der Checkliste auf ↗ Seite 77 durch.

2 Markiere alle Textstellen, die du verbessern möchtest. Schreibe deine Gedichtinterpretation, wenn nötig, noch einmal in verbesserter Form auf.

Eine Gedichtinterpretation schreiben

Mit der Checkliste kannst du deine Texte selbst überprüfen. Für jeden deiner Texte hast du eine Spalte.

Verwende folgende Markierungen:

++ Hier erfüllt dein Text die Anforderungen voll.

\+ Hier erfüllt dein Text die Anforderungen mit geringen Fehlern.

+/– Hier finden sich einige Fehler. Du solltest in Zukunft noch genauer auf diesen Punkt achten.

– Hier finden sich noch viele Fehler. Schau dir den entsprechenden Teil im Übungskapitel erneut an.

	Text 1	Text 2	Text 3
Aufbau			
Der Aufbau ist deutlich durch **Absätze** gegliedert.			
Einleitung, Hauptteil und **Schluss** sind vorhanden.			
Zwischen den einzelnen Teilen stehen **sinnvolle Überleitungen.**			
Inhalt und Form			
Die Einleitung enthält Informationen zum **Titel** des Gedichts, zur **Autorin** / zum **Autor,** zur **Textsorte** (Liebesgedicht, Sonett, Ballade ...), und zum **Datum** der Veröffentlichung.			
Die **Deutungshypothese** wird am Anfang genannt und am Schluss aufgegriffen und weiterführend beantwortet.			
Die **formale Gestaltung** des Gedichts wird dargelegt: Strophen- und Verszahl, Reime, Metrum und Kadenzen.			
Die **inhaltliche Gliederung** des Gedichts wird dargestellt.			
Die **sprachlichen Bilder** werden erläutert und ihre Funktion im Bezug auf die Deutungshypothese ist deutlich.			
Die **wichtigsten Erkenntnisse** der Interpretation werden am Schluss gebündelt dargestellt.			
Aussagen werden **mit Textstellen belegt.**			
Die Interpretation ist in sich **schlüssig.**			
Sprachliche Richtigkeit			
Grammatik und Rechtschreibung sind korrekt.			

Eine Gedichtinterpretation schreiben

1 Du sollst eine Gedichtinterpretation zu Conrad Ferdinand Meyers Gedicht „Zwei Segel" zu der folgenden Aufgabenstellung bearbeiten.

Interpretiere das Gedicht „Zwei Segel" von C. F. Meyer, indem du besonders auf die Bildlichkeit im Gedicht eingehst.

Bearbeite zunächst die ↗ Aufgaben 1 a bis f.

Zwei Segel

Conrad Ferdinand Meyer (1883)

Zwei Segel erhellend
Die tiefblaue Bucht!
Zwei Segel sich schwellend
Zu ruhiger Flucht!

Wie eins in den Winden
Sich wölbt und bewegt,
Wird auch das Empfinden
Des andern erregt.

Begehrt eins zu hasten,
Das andre geht schnell,
Verlangt eins zu rasten,
Ruht auch sein Gesell.

a) Lies das Gedicht mehrmals durch und markiere rhythmische Auffälligkeiten.

b) Wie ist dein erster Leseeindruck? Notiere drei Adjektive, die die Stimmung des Gedichts beschreiben.

c) Beschreibe den formalen Aufbau des Gedichts in Stichpunkten (Strophenzahl, Verszahl, Reime, Metrum und Kadenzen).

d) Gib den Inhalt des Gedichts in eigenen Worten wieder und formuliere eine Deutungshypothese.

e) Untersuche die Beschreibung der beiden Segel in den Strophen zwei und drei. Wie agieren sie miteinander?

f) Lies noch einmal das Gedicht „Für Einen“ von Mascha Kaléko auf ➚ Seite 70. Wie unterscheidet sich die Bildlichkeit von C. F. Meyers Gedicht „Zwei Segel“?

g) Schreibe die vollständige Gedichtinterpretation in dein Heft.

2 **a)** Überprüfe die Gedichtinterpretation anschließend mit der Checkliste auf ➚ Seite 77. Markiere alle Textstellen, die du verbessern möchtest.

b) Schreibe deine Gedichtinterpretation, wenn nötig, noch einmal in verbesserter Form auf.

Eine Gedichtinterpretation schreiben

Muscheln, Muscheln

Wolfgang Borchert (1949)

Muscheln, Muscheln, blank und bunt,
findet man als Kind.
Muscheln, Muscheln, schlank und rund,
darin rauscht der Wind.

Darin singt das große Meer –
in Museen sieht man sie glimmern,
auch in alten Hafenkneipen
und in Kinderzimmern.

Muscheln, Muscheln, rund und schlank,
horch, was singt der Wind:
Muscheln, Muscheln, bunt und blank,
fand man einst als Kind!

1 Bereite eine Gedichtinterpretation zu dem Gedicht „Muscheln, Muscheln" von Wolfgang Borchert zu der folgenden Aufgabenstellung vor.

Interpretiere das Gedicht „Muscheln, Muscheln" von Wolfgang Borchert, indem du auf die sprachlichen Besonderheiten des Textes eingehst.

Bearbeite zunächst die ➚ Aufgaben 1a bis c.

a) Schreibe deinen ersten Leseeindruck auf.

b) Untersuche den Text hinsichtlich formaler Besonderheiten (Strophen- und Verszahl, Reim, Metrum und Kadenzen). Mache Notizen am Text.

c) Schreibe auf, welche sprachlichen Besonderheiten du feststellst.

2 Verfasse die Gedichtinterpretation mit Hilfe deiner Vorarbeiten. Schreibe in dein Heft.

3 Überprüfe deine Gedichtinterpretation anschließend mit Hilfe der Checkliste auf ➚ Seite 77.

Lösungen

Strategien

Seite 6

1 **a)** Thema: Politik, Inhalt einer Rede
Adressat: Leser der Tageszeitung
Ziel: Kommentar oder Analyse verfassen
Schreibform: informierender Text

b) Thema: Umgestaltung des Pausenraums
Adressat: Schulleitung
Ziel: Einwilligung in die Umgestaltung erhalten
Schreibform: Rede

c) Thema: „Zwei Segel" von C. F. Meyer
Adressat: Mitschülerinnen/Mitschüler
Ziel: das eigene Verständnis des Gedichts erläutern
Schreibform: Gedichtinterpretation

Seite 7

1 ↗ s. Tabelle unten

Seite 9

4 a) ↗ s. Tabelle auf S. 2

Seite 10

4 b) *Beispiel für eine Gliederung im Block:*
1) Mut bedeutet, ein Risiko einzugehen
2) Definition des mutigen Menschen
3) Beispiele für Mut
4) eigene Stellungnahme

c) *Beispiel für eine Gliederung nach dem Sanduhr-Prinzip:*
Gegenposition: Man sollte sich keinen großen Gefahren aussetzen, um anderen zu helfen.
- die Gefahr, selbst Schaden zu nehmen, ist zu groß
- derjenige, der in Gefahr ist, würde einem selbst auch nicht helfen

eigene Position: Man sollte sich auch großen Gefahren aussetzen, um anderen zu helfen.
- Zivilcourage erfordert es auch, ein Risiko einzugehen
- ich orientiere mich an meinen eigenen Werten, nicht an denen anderer

1 Textanalyse

Hauptaussage des Textes:
Der Autor setzt sich mit der Frage ... auseinander

Inhalt:
In dem Text geht es darum, dass ...

Argumentationsweise:
Mit seiner Argumentation verfolgt der Redner das Ziel ...

Beeinflussung der Leserin / des Lesers:
Die ... machen die Leserin / den Leser zum Betroffenen

informierende Texte	zusätzliche Informationen beschaffen
dialektische Erörterung	zusätzliche Informationen beschaffen, Pro- und Kontra-Argumente entwickeln
textgebundene Erörterung	Pro- und Kontra-Argumente entnehmen, zu Argumenten Stellung nehmen
Redeanalyse	die Kommunikationssituation feststellen, die Redeabsicht erkennen, Mittel der Beeinflussung erkennen, Redestrategien aufdecken, Stilmittel bestimmen und deuten
Interpretation eines Erzähltexts	den Erzähler bestimmen, Stilmittel bestimmen und deuten, die Gefühlslage einer Figur untersuchen
Interpretation eines Gedichts	Stilmittel bestimmen und deuten, die Form bestimmen

Tabelle zu Seite 7, Aufgabe 1 a)

Beobachtungsschwerpunkt	Beschreibung	Textstellen (gekürzte Zitate mit Zeilenangaben)
Inhalt	• Ausführungen zu dem Begriff „Mut“: Risiken und Möglichkeiten	• „Wer Mut beweist, riskiert etwas“ (Z. 1) • „Am Anfang jeder Weltveränderung […].“ (Z. 10 f.)
Argumentationsweise	• Beschreibung der unterschiedlichen Facetten von Mut • Nennen konkreter Beispiele	• „Er riskiert […]“ (Z. 2 f.) • „Der Mut, sich seines eigenen Verstandes zu bedienen. […]“ (Z. 11 ff.)
Beeinflussung der Leserin / des Lesers	• einseitig positive Darstellung des Mutigen • heroische Formulierungen, Blick auf Werte	• „Aber Erfolg […] ist nicht das höchste Ziel des Mutigen.“ (Z.4–5) • „Würde, Anstand, Frieden […]“ (Z. 6 f.)
sprachliche Besonderheiten	• Aufzählungen im 1. Abschnitt • Häufung von Anaphern im 2. Abschnitt	• Z. 1 f. • „Der Mut […]“ Z. 11 ff.

Tabelle zu Seite 9, Aufgabe 4 a)

sprachliche Besonderheiten:
Durch die Wiederholungen wird die Leserin / der Leser auf … aufmerksam gemacht

Erörterung (dialektisch oder textgebunden)

These:
Die Kernthese des Textes lautet …

Argumente:
Das wichtigste Argument ist …

Gegenargumente:
Allerdings muss man auch sehen, dass …

Schlussfolgerung:
Schlussendlich …

Seite 11

2 *Lösungsvorschlag für eine textgebundene Erörterung:*
In dem Textausschnitt von Christian Nürnberger setzt sich der Autor mit der Frage auseinander, was es bedeutet, mutig zu sein. Die Kernthese des Textes lautet, dass Mut in der Regel mit einem Risiko verbunden ist.
Für Christian Nürnberger bedeutet, mutig zu sein, ein Risiko einzugehen (Z.1). Dieses Risiko kann unterschiedliche Gestalt haben. Es kann sowohl die eigene Gesundheit als auch die soziale Stellung in der Gesellschaft betreffen. Unter einem mutigen Menschen versteht er jemanden, der nicht handelt, weil er sich davon etwas Bestimmtes für sich selbst verspricht.
Der Mutige handelt selbstlos nach gesellschaftlichen Werten wie „Würde, Anstand, Frieden, Freiheit, Wahrheit, Gerechtigkeit“ (Z. 8 f.). Nach Nürnberger fängt Mut schon im Kleinen an, z. B. wenn es darum geht, die Wahrheit auszusprechen oder einen neuen Weg einzuschlagen (Z. 14 f.).
Sicher kann man auch ein Risiko eingehen, um Mut zu beweisen. Aber Mut beginnt schon, wenn man sich seinen eigenen Ängsten stellt. Sich selbst zu überwinden, kann auch die Motivation für mutiges Handeln sein. Der Mut, über den Christian Nürnberger schreibt, hat jedoch bereits gesellschaftliche Relevanz.
Schlussendlich kann meiner Meinung nach nur jemand, der seine eigenen Ängste überwinden kann, auch genug Mut aufbringen, ein Risiko für andere einzugehen.

Informierende Texte schreiben

Seite 12

2 Adressat: Leser der Schülerzeitung
Thema: Schüleraustausch
Ziel: Interesse wecken
Schreibform: Bericht

Seite 15

2 a) und b) *So könnte deine Lösung lauten:*
1) Staatsform: präsidiale Bundesrepublik; Landessprache ist Spanisch
2) Markenzeichen für Argentinien: Tango, Gauchos, Mate
3) Santa Fe: Studentenstadt mit 370.000 Einwohnern, Hängebrücke über den Paraná
4) dreigeteiltes Schulsystem: Grundschule, weiterführende Schule und Spezialisierungslevel (vergleichbar mit der Oberstufe an deutschen Gymnasien)
5) Schuljahr hat Trimester, große Pause im argentinischen Sommer (von November bis März)
6) Voraussetzungen für den Schüleraustausch: Bereitschaft, sich auf eine neue Kultur einzulassen und Eindrücke von Deutschland zu vermitteln
7) positive Erfahrungen mit dem Schüleraustausch: kulturelle Erlebnisse, neue Freunde, Erlernen der Landessprache

3 a) *So könnte deine Lösung lauten:*
Mit meinem Text möchte ich meine Mitschülerinnen und Mitschüler darüber informieren, dass der Schüleraustausch mit der Escuela Tacuarendí viele positive Erfahrungen mit sich bringt.

b) *So könnte deine Lösung lauten:*
Mein Text soll über Argentinien, insbesondere über Santa Fe informieren. Er soll die Leserinnen und Leser für einen längeren Aufenthalt in Argentinien interessieren und auf die Besonderheiten des Besuchs einer ausländischen Schule neugierig machen.

Seite 16

1 a) bis e) *So könnte deine Lösung lauten:*

Schüleraustausch mit Argentinien – eine tolle Erfahrung

Wer wollte nicht schon einmal Weihnachten im T-Shirt an der Strandpromenade verbringen? Für die Schülerinnen und Schüler in Santa Fe, Argentinien, ist das ganz normal, denn Santa Fe liegt auf der Südhalbkugel. Die Escuela Tacuarendí in Santa Fe ist unsere Partnerschule. Da man sich bald für den diesjährigen Schüleraustausch bewerben kann, möchte ich im Folgenden über Santa Fe und den Schüleraustausch mit Argentinien berichten.
Argentinien ist wie Deutschland eine Demokratie und wird von der Präsidentin Cristina Fernández de Kirchner regiert. Besonders berühmt ist das Land für das Heißgetränk Mate, das schon von den Ureinwohnern getrunken wurde. Die argentinischen Viehzüchter nennt man Gauchos. Sie leben in der südlichen Pampa und sind wie der Tango ein Markenzeichen Argentiniens.
Vergleicht man die Stadt Santa Fe mit der Hauptstadt Buenos Aires, dann ist sie mit ihren 370.000 Einwohnern verhältnismäßig klein. Allerdings ist es dort aber gerade im Sommer besonders schön, sodass auch hier viele Touristen unterwegs sind.
Santa Fe liegt an dem Fluss Paraná, über den eine eindrucksvolle Hängebrücke führt. An der Strandpromenade des Paranás spielt sich, gerade im Sommer, das öffentliche Leben ab. Hier gibt es eine Menge Strandlokale und Restaurants, die viele Jugendliche anziehen.
In Santa Fe liegt auch unsere Austauschschule, die Escuela Tacuarendí.
Das Schulsystem in Argentinien ist dreigliedrig und nicht wie in Deutschland in Halbjahre, sondern in Trimester eingeteilt. Deswegen können Schülerinnen und Schüler, die am Austausch teilnehmen, auch problemlos im Juli anreisen: Sie werden in das laufende Schuljahr integriert. Im Spezialisierungslevel, das mit der deutschen Oberstufe vergleichbar ist, kann man zwischen dem naturwissenschaftlichen, dem sozialwissenschaftlichen, dem technischen und dem wirtschaftlich orientierten Zweig wählen. Deswegen müssen die argentinischen Schülerin-

nen und Schüler schon sehr früh entscheiden, welches Fachgebiet sie am meisten interessiert. Am Schüleraustausch mit der Escuela Tacuarendí können alle Schülerinnen und Schüler der 9. und 10. Klasse teilnehmen. Es ist natürlich zu bedenken, dass man nach der Rückkehr unter Umständen ein Jahr wiederholen muss. Außerdem sind die Familie und die Freunde während des Austauschjahrs weit weg. Aber die Erfahrungen der Schülerinnen und Schüler aus den letzten Jahren zeigen, dass es sich in jeder Hinsicht lohnt. Bisher hat der Schüleraustausch den meisten sehr viel Spaß gemacht. Hervorgehoben werden sollte vor allem, dass immerhin 63 % der Schüler große Fortschritte im Spanischlernen gemacht haben und dass ⅔ der Austauschschüler mit vielen interkulturellen Erfahrungen nach Deutschland zurückgekommen sind. Außerdem haben über die Hälfte die Gelegenheit genutzt, Reisen in Südamerika zu unternehmen. Hinzu kommt, dass viele ihre Gastfamilien in Santa Fe auf Deutschland neugierig gemacht haben, sodass uns im Gegenzug seit vielen Jahren Schülerinnen und Schüler aus Santa Fe besuchen.
Wer sich selbst ein Bild vom sommerlich-weihnachtlichen Paraná machen und statt Gans mal Rindfleisch essen möchte, sollte sich jetzt für den Austausch bewerben.

Seite 18

1 b) *So könnte deine Lösung lauten:*

Die Orchesterschule in Bahía Blanca/ Argentinien – eine neue Form der Erziehung

Argentinien feiert große Erfolge mit dem „Orchestersystem für Jugendliche und Kinder". Dieses Projekt, das ursprünglich aus Venezuela kommt, hat nicht nur zum Ziel, Kindern aus armen oder bildungsfernen Verhältnissen das Erlernen eines Musikinstruments zu ermöglichen. Vielmehr soll es ihnen die Chance eröffnen, trotz aller widrigen Umstände in der Gesellschaft Fuß zu fassen.
Das Erlernen eines Instruments und das Zusammenspiel im Orchester bilden dabei wichtige Bausteine für die persönliche Entwicklung der jungen Menschen. Vielfach kommen die Kinder aus schwierigen Verhältnissen und erleben nicht selten auch häusliche Gewalt.
Jorge Andrés del Valle ist Geigenlehrer in Bahía Blanca und beteiligt sich an dem „Orchestersystem für Jugendliche und Kinder".
Als Lehrer stoße man in diesem Projekt häufig an Grenzen, so del Valle. Die Grundprinzipien von Pädagogik würden manchmal nicht greifen, weil die Schülerinnen und Schüler eine besondere Betreuung benötigten. Das habe in erster Linie mit ihren Lebensumständen zu tun: „Ich betreue zunehmend Schülerinnen und Schüler, die Feindseligkeiten und Gewalt ausgesetzt sind." Die Integration von Musik in den Lernprozess sei für die Kinder dagegen zugleich Motivation und Freude.
Das Projekt ist ein Zusatzangebot zum normalen Unterricht und hat nicht zum Ziel, die obligatorische Lehre an Grundschulen und weiterführenden Schulen zu ersetzen. Vielmehr verstehe es sich als eine echte Alternative zum Alltag der Kinder, wenn diese aus der Schule nach Hause kommen, so del Valle.
Das Projekt ist an die *Allgemeine Direktion für Kultur und Erziehung der Provinzen für Buenos Aires* angeschlossen. Im Übrigen wird es durch Spenden von Firmen und Institutionen gefördert. Deshalb ist es für die Kinder möglich, ohne Eigenbeteiligung am Musikunterricht teilzunehmen.
So ein Projekt ist sicherlich nicht nur in Lateinamerika eine sinnvolle Einrichtung, sondern es könnte auch in Deutschland gute Dienste leisten.

Eine dialektische Erörterung schreiben

Seite 20

1 a) Thema: Vergleich E-Book und gedrucktes Buch
Ziel: Plädoyer für E-Book oder gedrucktes Buch
Schreibform: dialektische Erörterung

Seite 21

1 a) und b) *So könnte deine Lösung lauten:*

pro E-Book	kontra E-Book
1. Das E-Book ist platzsparend. Bsp.: Statt langer Bücherregale hat man alle Texte digital. 2. Das E-Book ist leicht. Bsp.: Es wiegt sogar weniger als ein dickes Taschenbuch. 3. Das E-Book ist schnell verfügbar. Bsp.: Das E-Book kann online gekauft und dann sofort heruntergeladen werden. 4. Das E-Book bietet schnellen Zugang zu Informationen. Bsp.: Wenn man im E-Book eine bestimmte Textstelle sucht, findet man sie schnell.	1. Das gebundene Buch hat eine persönliche Note. Bsp.: Man kann es verschenken und mit einer Widmung versehen. 2. gutes Lesegefühl Bsp.: das Umblättern von Seiten, der Geruch des Papiers 3. Erinnerungen Bsp.: Mit zerlesenen Büchern können persönliche Erinnerungen verbunden sein. 4. Spontankäufe Bsp.: Das Blättern in der Buchhandlung lädt zum Spontankauf ein.

Seite 22

2 *So könnte deine Lösung lauten:*
Das E-Book kann das gedruckte Buch schon in naher Zukunft ersetzen / wird das gedruckte Buch auch zukünftig nicht ersetzen können.

Seite 23

1 *So könnte deine dialektische Erörterung nach dem Sanduhr-Prinzip lauten:*
Im Zeitalter der elektronischen Medien stellt sich die Frage, ob das gedruckte Buch schon in naher Zukunft vollständig vom E-Book ersetzt werden kann. Schließlich spielt das Bedürfnis nach schnell verfügbarem Wissen eine immer größere Rolle.
Ich bin nicht der Meinung, dass es dazu kommen wird.
Sicher ist das E-Book ausgesprochen platzsparend, denn an Stelle von langen und großen Bücherregalen hat man lediglich ein kleines Gerät in der Hand, mit dem man auf eine Vielzahl Bücher zugreifen kann. Dies führt auch dazu, dass man sie leichter mitnehmen kann, zum Beispiel in die Schule oder in den Urlaub. Auf diese Weise muss man wesentlich weniger Gewicht mit sich herumtragen und doch auf seine Lesefreuden nicht verzichten.
Außerdem ist ein E-Book auch schnell zu bekommen. Nachdem man es online gekauft hat, kann es direkt heruntergeladen werden. Auch der Umgang mit dem E-Book selbst entspricht ganz dem Bedürfnis, schnellen Zugang zu Informationen zu haben, beispielsweise kann man bestimmte Textstellen schnell und einfach mit der Suchfunktion finden.
Folglich spricht eine Reihe von Argumenten dafür, dass das E-Book schon in naher Zukunft das gedruckte Buch verdrängen könnte.
Trotzdem halte ich es aus verschiedenen Gründen für unwahrscheinlich, dass das klassische Buch aus Papier schon in naher Zukunft völlig vom Buchmarkt verschwindet.
Schließlich hat es eine persönliche Note, die kein elektronisches Medium jemals ersetzen kann, zum Beispiel durch eine Widmung, wenn man ein Buch verschenkt.
Hinzu kommt das gute Lesegefühl, das ein gedrucktes Buch vermittelt, sei es durch das eigenhändige Umblättern der Seiten oder durch den Geruch des Papiers.
Darüber hinaus kann ein zerlesenes Buch auch persönliche Erinnerungen hervorrufen, z. B. an die Zeit, in der man das Buch gelesen hat.
Nicht zuletzt lädt ein gedrucktes Buch im Geschäft zum Durchblättern, Querlesen und natürlich zu Spontankäufen ein.
Für mich steht daher fest, dass das E-Book zwar viele Vorteile hat, das gedruckte Buch in naher

Zukunft aber nicht ersetzen wird. Trotzdem kann ich mir gut vorstellen, dass es sich zu einer anerkannten Alternative zum herkömmlichen Buch entwickeln wird.

So könnte deine dialektische Erörterung nach dem Reißverschluss-Prinzip aussehen:
Im Zeitalter der elektronischen Medien stellt sich die Frage, ob das gedruckte Buch schon in naher Zukunft vollständig vom E-Book ersetzt werden kann. Schließlich spielt das Bedürfnis nach schnell verfügbarem Wissen eine immer größere Rolle.
Ich bin nicht der Meinung, dass es dazu kommen wird.
Sicher ist das E-Book ausgesprochen platzsparend, denn an Stelle von langen und großen Bücherregalen hat man lediglich ein kleines Gerät in der Hand, mit dem man auf eine Vielzahl Bücher zugreifen kann. Dies führt auch dazu, dass man sie leichter mitnehmen kann, beispielsweise in die Schule oder in den Urlaub. Auf diese Weise muss man wesentlich weniger Gewicht mit sich herumtragen und doch auf seine Lesefreuden nicht verzichten.
Aber wer nimmt schon mehr als ein oder zwei Bücher mit in den Urlaub? Außerdem ist es ja gerade auch das Material des Buchs, das die Lesefreude ausmacht. Der Geruch des Papiers und das eigenhändige Umblättern der Seiten fallen beim E-Book weg.
Ein E-Book ist zwar schnell zu bekommen – nachdem man es online gekauft hat, kann es direkt heruntergeladen werden. Es bleibt aber festzuhalten, dass viele Menschen gerade das Blättern und Querlesen im Buchladen schätzen und sich lieber spontan für den Kauf eines Buchs entscheiden, statt gezielt online einzukaufen.
Der Umgang mit dem E-Book selbst entspricht ganz dem Bedürfnis, sich schnellen Zugang zu Informationen zu beschaffen. Im E-Book kann man zum Beispiel bestimmte Textstellen schnell und einfach mit der Suchfunktion finden. Dem steht aber entgegen, dass man zum Beispiel beim Lesen eines Romans gar nicht unbedingt nach bestimmten Textstellen suchen muss. Hier reicht ein herkömmliches Lesezeichen allemal aus, um die Stelle zu markieren, an der man weiterlesen möchte.
Auch wenn viele Argumente für die elektronische Buchausgabe sprechen, glaube ich nicht, dass sie das gedruckte Buch schon in naher Zukunft verdrängen wird. Trotzdem kann ich mir gut vorstellen, dass es sich zu einer anerkannten Alternative zum herkömmlichen Buch entwickeln wird.

Seite 26

1 d) *So könnte deine Lösung lauten:*
Inzwischen ist es fast schon an der Tagesordnung: Mit Beginn der Bundesligaspiele wird auch randaliert, vor allem, wenn bekannte Vereine spielen. Das wirft in der Presse und bei den Fans die Frage auf, ob Randalierer in Zukunft von Bundesligaspielen ausgeschlossen werden sollten.
Ich bin auf jeden Fall dafür. Zwar stimmt es, dass die Verursacher von Randalen häufig nicht einwandfrei ausgemacht werden können und stattdessen die Falschen bestraft werden. Man muss sich aber darüber im Klaren sein, dass jeder, der mit den Randalen nicht in Verbindung gebracht werden will, die Möglichkeit hat, den Ort zu wechseln.
Oft sind es Jugendliche, die sich und anderen etwas beweisen wollen und deshalb über die Stränge schlagen. Aber auch diese müssen ihre Grenzen kennen lernen, und das ist meiner Meinung nach nur dann möglich und nachhaltig, wenn sie für ihr Verhalten geradestehen müssen. Ein Ausschluss von den weiteren Spielen ihres Clubs würde sie empfindlich treffen.
Fest steht außerdem, dass die Spiele nicht nur für die ehrlichen Fans angenehmer würden, sondern auch für die Spieler. Nicht selten geht von den Randalierern eine Gefahr für sie aus, etwa wenn Gegenstände auf das Spielfeld geworfen werden.
Manche behaupten, dass ein Ausschluss der Randalierer von Bundesligaspielen dazu führen würde, dass sie ihre Aggressionen bei Spielen der unteren Ligen auslebten. Dem steht aber entgegen, dass die Randalierer in den kleinen Stadien der unteren Ligen keine „große Bühne“ für ihre Aktionen hätten. Am Sport selbst scheinen sie schließlich wenig Interesse zu haben.
Zu guter Letzt ist es eine nicht unerhebliche Verschwendung von Steuergeldern, wenn bei

den Spielen immer wieder ein großes Polizeiaufgebot benötigt wird, nur um Randalierer in Schach zu halten.
Ich bin davon überzeugt, dass diesen das Interesse an den Spielen gänzlich verloren ginge, wenn sie den Spielen fernbleiben müssten.
Daher halte ich ihren Ausschluss für die einzig sinnvolle Reaktion auf ihre gewalttätigen Aktionen. Auch jugendliche Mitläufer würden dadurch sicher abgeschreckt.

1 a) *So könnte deine Lösung lauten:*
Gerade bei einem jugendlichen Publikum sind Casting-Shows sehr beliebt. Doch dieses Sendeformat ist nicht ohne Makel. Vor allem die vielen radikalen Sendungen, in denen mit den Kandidaten schonungslos umgegangen wird, finde ich bedenklich.
Daher bin ich der Meinung, dass solche Sendeformate, die die Kandidaten bloßstellen und entwürdigen, abgeschafft werden sollten.
Auf der einen Seite ist es nicht von der Hand zu weisen, dass gerade die radikalen Casting-Shows einen hohen Unterhaltungswert haben, sonst wären sie sicher nicht so erfolgreich.
Nicht nur die Sender, auch die Kandidaten profitieren davon. Erstere, weil sie durch die hohen Einschaltquoten viel Geld verdienen, Letztere haben zumindest die Chance, auf ihr Talent aufmerksam zu machen.
Hinzu kommt, dass den Kandidaten die Teilnahme und damit auch die Entwürdigung vor der Kamera freigestellt ist. Sie nehmen sie teilweise sogar bewusst in Kauf, um erfolgreich zu sein.
Auf der anderen Seite ist es dagegen nicht nachvollziehbar, dass sich Menschen nur des Geldes oder Ruhmes wegen auf solche Machenschaften einlassen. Zu bedenken ist an dieser Stelle vor allem das Alter der Teilnehmer. Vielfach sind es jugendliche Träumer, die daran glauben, auf diesem Weg schnell berühmt zu werden.
Umso skrupelloser finde ich es, dass sich die Medienkonzerne auf ihre Kosten bereichern wollen.
Ich bin gegen solche Casting-Shows, in denen Menschen vor laufender Kamera entwürdigt werden. Unterhalten könnten diese Shows nämlich auch dann, wenn einfach nur die Beiträge der Kandidaten im Zentrum stehen würden. Alle radikalen Casting-Show-Formate sollten daher abgeschafft werden.

Eine textgebundene Erörterung schreiben

Seite 28

1 b) Thema: schnelles Wissen via Internet
Schreibform: (Zeitungs-)Artikel
Ziel: Appell, mit Daten aus dem Internet kritischer umzugehen

Seite 29

1 d) Computer und Internet führen nicht dazu, das Lernen zu erleichtern, sondern dazu, das Lernen zu vermeiden.

e) ↗ s. Tabelle auf S. 8

Seite 31

1 a) Autor: Jens Voss
Titel: Surfen statt denken
Textsorte: (Zeitungs-)Artikel
Erscheinungsjahr: 1999

b) *So könnte deine Lösung lauten:*
Die Internetrecherche ist aus unserer Gesellschaft für die Beantwortung von Fragen nicht mehr wegzudenken. Doch sie hat auch ihre Schattenseiten. Jens Voss weist in seinem Artikel „Surfen statt denken“ (1999) auf die Probleme der digitalen Wissensanhäufung hin. Im Folgenden setze ich mich kritisch damit auseinander, ob sein Artikel die Problematik zu einseitig darstellt.

Seite 32

2 b) *So könnte deine Lösung lauten:*
- Eines der zentralen Argumente des Textes ist, dass bestimmte Fähigkeiten durch das Abrufen von Wissen im Internet verkümmern. Obgleich man immer schneller Wissen abrufen kann, besteht die Gefahr, dass man nicht mehr in der Lage ist, es in einen anderen Deutungszusammenhang zu übertragen.

Argumente	Beispiele und Belege
Informationen können nicht einfach abgerufen und dann „gewusst“ werden.	○ Zitat Ladenthin: „Computer und Internet sind die letzte Hoffnung darauf, das Wissen zu vermeiden.“ (Z. 6 f.)
Durch das Abrufen von Wissen im Netz verändert sich schleichend das Denken.	○ Zitat Ladenthin: „Wir sind auf dem Wege, keine wissenschaftsorientierte Gesellschaft mehr zu sein.“ (Z. 11 f.)
Bestimmte Fähigkeiten verkümmern.	○ Suche im Internet folgt dem Zufallsprinzip (Z. 13 ff.) ○ Zitat Ladenthin: „Schüler und Studenten arbeiten zunehmend ergebnisorientiert und nicht methodenorientiert.“ (Z. 17 f.) ○ Konzentrationsschwäche und mangelndes Abstraktionsvermögen sind Folge einseitiger visueller Darbietung komplexer Zusammenhänge (Z. 22 ff.)

Tabelle zu Seite 29, Aufgabe 1 e)

- Im weiteren Verlauf des Textes fügt Jens Voss zudem an, dass das Abrufen von Wissen im Netz schleichend das Denken verändere. Infolgedessen werden bestimmte Zusammenhänge nicht mehr kritisch hinterfragt, sondern einfach akzeptiert.

Seite 33

3 b) *So könnte deine Lösung lauten:*
direktes Zitat: Jens Voss schreibt: „Informationen aus dem Internet häufen sich zu Fakteninseln in einem weiten Meer aus Ahnungslosigkeit.“ (Z. 15 f.)
indirektes Zitat: Jens Voss zitiert Volker Ladenthin, der davor warnt, dass wir auf dem besten Weg seien, keine wissenschaftsorientierte Gesellschaft mehr zu sein. (Z. 11 f.)
eingebundenes Zitat: Da Schüler und Studierende sich keine Strategien mehr überlegen müssen, um an Wissen zu gelangen, würden bestimmte Fähigkeiten schwinden, „die Fähigkeit etwa, sich über längere Intervalle zu konzentrieren oder Problemlösungsstrategien von einem Gebiet auf ein anderes zu übertragen“. (Z. 23 f.)

Seite 34

4 *So könnte deine Lösung lauten:*
Ich komme zu dem Schluss, dass Jens Voss zwar überwiegend die negativen Aspekte des Internets als Wissensquelle benennt. Trotzdem ist sein Text nicht einseitig, denn er stützt seine Argumente durch wissenschaftlich fundierte Beispiele und Zitate des Erziehungswissenschaftlers Volker Ladenthin.

5 *So könnte deine Lösung lauten:*
Die Internetrecherche ist aus unserer Gesellschaft für die Beantwortung von Fragen nicht mehr wegzudenken. Doch sie hat auch ihre Schattenseiten. Jens Voss weist in seinem Artikel „Surfen statt denken“ (1999) auf die Probleme der digitalen Wissensanhäufung hin. Im Folgenden setze ich mich kritisch damit auseinander, ob sein Artikel die Problematik zu einseitig darstellt.
Jens Voss kritisiert die Art und Weise, wie sich über das Internet so genanntes „Inselwissen“ angeeignet wird: „Informationen aus dem Internet häufen sich zu Fakteninseln in einem weiten Meer aus Ahnungslosigkeit.“ (Z. 15 f.)
Das Inselwissen kann aber auch eine gute Ergänzung sein, wenn man sich mit dem Thema, zu dem man recherchiert, schon gut auskennt.
Eines der zentralen Argumente des Textes ist, dass bestimmte Fähigkeiten durch das Abrufen von Wissen im Internet verkümmern. Da Schüler und Studierende sich keine Strategien mehr überlegen müssten, um an Wissen zu gelangen, würden bestimmte Fähigkeiten schwinden, „die Fähigkeit etwa, sich über längere Intervalle zu konzentrieren oder Problemlösungsstrategien

von einem Gebiet auf ein anderes zu übertragen". (Z. 23 f.) Obgleich man immer schneller Wissen abrufen kann, besteht die Gefahr, dass man es nicht anwenden kann. In der Tat ist es möglich, dass sich diese Denkfaulheit auch auf andere Bereiche überträgt.
Im weiteren Verlauf des Textes fügt Jens Voss zudem an, dass das Abrufen von Wissen im Netz schleichend das Denken verändere. Das könnte dazu führen, dass Aussagen nicht mehr kritisch hinterfragt, sondern einfach akzeptiert werden.
Ich komme zu dem Schluss, dass Jens Voss zwar überwiegend die negativen Aspekte des Internets als Wissensquelle benennt. Trotzdem ist sein Text nicht einseitig, denn er stützt seine Argumente durch wissenschaftlich fundierte Beispiele und Zitate des Erziehungswissenschaftlers Volker Ladenthin. Zudem gibt es keine schlüssigen Argumente, die die Probleme, die das abrufbare Wissen mit sich bringt, entkräften.

Seite 36

1 *So könnte deine Lösung lauten:*
In ihrem Artikel „Große Freiheit oder Hotel Mama?" geht Eva Dorothée Schmid der Frage nach, ob junge Leute während der Ausbildung oder des Studiums eher zu Hause wohnen bleiben oder in die eigenen vier Wände ziehen sollten.
Viele entscheiden sich dafür, die Zeit im eigenen Jugendzimmer noch etwas zu verlängern. Im Gegensatz zu früher ist es heute nicht mehr verpönt, mit Mitte zwanzig noch zu Hause zu wohnen. Immerhin bringt es auch eine Menge Vorteile mit sich, zum Beispiel ist es kostengünstig und bequem.
Ein Auszug aus dem Elternhaus ist zwar in der Regel teurer, dafür kommen Eltern und Kinder aber danach oft besser miteinander aus, wie die Ratgeberautorin Helga Gürtler weiß. Auch die Psychologie-Dozentin Christiane Papastefanou gibt zu bedenken, dass Eltern und Kinder in ihren jeweiligen Rollen verhaften würden: „Eltern und Kinder bleiben immer Eltern und Kinder." (Z. 19 f.). Zudem eröffne die Entscheidung auszuziehen auch neue Möglichkeiten des Ausbildungs- oder Studienorts.
Ich denke, dass junge Leute auf jeden Fall den Schritt wagen sollten, so schnell wie möglich aus dem Elternhaus auszuziehen. Nur so kann man lernen, selbstständig zu sein. Die Alternative, statt in eine eigene Wohnung in eine WG zu ziehen, ist kostengünstig und eröffnet neue Erfahrungen des Zusammenlebens. Auch hier muss man aufeinander Rücksicht nehmen, aber nicht im Verhältnis Eltern - Kind. Man ist zwischen Gleichaltrigen und kann zusammen Spaß haben. Daher kann ich nur dafür plädieren, das Wagnis einer neuen Wohnform einzugehen.

Seite 38

1 *So könnte deine Lösung lauten:*
In seinem Essay „Von Büchern" stellt der Schriftsteller Paulo Coelho die These auf, dass der Verzicht auf viele Gegenstände uns große Freiheit gibt.
Er verzichtet nicht nur auf Bücher, sondern auch auf abwechslungsreiche Kleidung. Da er sich auf Schwarz beschränke, müsse er nicht lange vor dem Spiegel nach Kleidungsstücken suchen, die farblich zusammenpassen. Dem ist aber entgegenzuhalten, dass die Beschränkung auf eine Farbe auch den Verzicht auf viele Möglichkeiten, etwas Neues zu probieren, bedeutet.
Paulo Coelho schreibt, dass er seine Bibliothek aufgelöst hat und nur noch 400 Bücher besitzt. Die anderen lässt er wandern: „Aber sobald ich das Buch ausgelesen habe, lasse ich es reisen, verschenke es oder gebe es einer öffentlichen Bibliothek." (Z. 23ff.) Immerhin kann man den Inhalt von Büchern inzwischen auch schnell digital beschaffen, ohne das Buch tatsächlich besitzen zu müssen. Dem steht aber entgegen, dass das Wissen, das über das Internet eingesehen wird, immer eine Abhängigkeit bedeutet. Wer seine eigenen Bücher im Regal stehen hat, ist nicht auf das Internet oder auf Bibliotheken angewiesen.
Trotzdem scheint es im Normalfall unproblematisch zu sein, an Wissen heranzukommen. Das zeigt sich an Paulo Coelhos erfolgreichem Versuch, ein Gedicht von Borges über das Internet ausfindig zu machen. Immerhin ist es tatsächlich so, dass wir viele Bücher, die wir besit-

zen, nie wieder aufschlagen, wie es auch in dem Text von Borges heißt: „‚Unter den Büchern meiner Bibliothek / Gibt es eines, das ich nie wieder aufschlagen werde.'" (Z. 52 f.)
Der Besitz einer großen Bibliothek kann daher auch als Belastung betrachtet werden. Den eigenen Besitz zu reduzieren, wie Paulo Coelho es tut, kann dagegen als Freiheit empfunden werden.

Eine Redeanalyse verfassen

Seite 41

3 Einleitung: Z. 1–12
Hauptteil: Z. 13–32
Schluss: Z. 33–42

Seite 42

1 a) Einleitung: Die Rednerin schildert zunächst einen schönen Moment, den sie und ihr Vater gemeinsam erlebt haben, danach konfrontiert sie die Zuhörer mit dem Mord.
Hauptteil: Semiya Şimşek berichtet von der schwierigen Situation für sie und ihre Familie, Anschuldigungen ausgesetzt gewesen zu sein, statt Beistand zu erhalten, stellt aber klar, in Deutschland zu Hause zu sein.
Schluss: Sie appelliert an die Zuhörerschaft, gemeinsam für eine gewalt- und rassismusfreie Gesellschaft zu kämpfen.

b) Wer spricht? Semiya Şimşek, Tochter es ermordeten Enver Şimşek
An wen richtet sich die Rede? an die Anwesenden auf der zentralen Gedenkveranstaltung
Wann wird die Rede gehalten? im Februar 2012

c) Semiya Şimşek appelliert daran, dass alle gemeinsam für eine gewalt- und rassismusfreie Gesellschaft kämpfen. Jeder Einzelne soll sich angesprochen fühlen.

Seite 43

d) Information: Z. 8–9, 16–19, 24–25
Klage: Z. 13–14, 20–22
Übernahme von Verantwortung: Z.35–36
Aufwertung der Wir-Gruppe: Z. 39–42

e) und f) Semiya Şimşek verwendet in ihrer Rede die Standardsprache und redet meist im sachlichen bis abgeklärten (Z. 8 f.), teilweise auch im ermutigenden Tonfall (Z. 30 f., 40.). Auch ihre Wortwahl ist sachlich, sie vermeidet Klischees oder ideologische Leitbegriffe. Das häufigste rhetorische Mittel in ihrer Rede ist die rhetorische Frage (z. B. Z. 20 ff., Z. 26, Z. 28 f. oder Z. 33). Gelegentlich verwendet sie klassische rhetorische Mittel wie die Synonymie („Abschied nehmen und trauern", Z. 13 ff.) oder die Klimax („dass vielleicht doch jemand aus meiner Familie, aus unserer Familie", Z. 17 f.), bleibt in ihren Aussagen aber stets klar und direkt. Im Schlussteil wendet sie sich direkt an ihr Publikum (Apostrophe: „Meine sehr verehrten Damen und Herren", Z. 39) und beendet ihre Rede mit einer Emphase („nur das kann die Lösung sein!", Z. 42), um ihren Worten Nachdruck zu verleihen.

Seite 44

2 Semiya Şimşek hielt bei der Gedenkfeier für die Opfer der Zwickauer Terrorzelle im Februar 2012 eine Rede. Sie geht dabei auf den Umgang der Gesellschaft mit dem Mord an ihrem Vater ein, der elf Jahre zurückliegt, und appelliert an die Zuhörer, gemeinsam gegen Fremdenhass und Gewalt vorzugehen.

3 In ihrer Rede spricht Semiya Şimşek nicht nur über ihren eigenen Vater, sondern auch über das schwere Schicksal anderer Familien, die einen geliebten Menschen durch Mord verloren haben. Sie fasst die vergangenen Jahre zusammen, in denen die Betroffenen nicht trauern konnten, sondern fälschlicherweise selbst unter Verdacht standen. Davon ausgehend thematisiert Şimşek das Gefühl, sich in Deutschland zu Hause zu fühlen, das sie noch immer habe. Deshalb fordert sie auch dazu auf, für eine gewalt- und rassismusfreie Gesellschaft zu kämpfen.

Seite 45

4 a)

Aussage	Erläuterung	Zitat und Zeilenangaben
Semiya Şimşek beginnt ihre Rede mit einer Erinnerung aus ihrer Kindheit.	Sie erzählt von einem glücklichen Moment, den sie und ihr Vater gemeinsam erlebt haben.	„Ich spürte, wie glücklich mein Vater in diesem Moment war." (Z. 7)
Die Rednerin bezieht ihre Zuhörerschaft emotional in das Geschehen mit ein.	Durch die private Ebene werden Anonymität und Distanz aufgelöst.	„Mein Vater erzählte gerne von sich und seinen Träumen." (Z. 3)
Sie wechselt vom erzählenden Stil zu einem sachlich-informierenden.	Nach der erzählerischen Einleitung werden die Zuhörerschaft mit der brutalen Realität konfrontiert.	„Ich spürte, wie glücklich mein Vater in diesem Moment war. Ein Jahr später war mein Vater tot." (Z. 7 f.)
Şimşek rekapituliert die vergangenen Jahre.	Sie erläutert den Zuhörerinnen und Zuhörern ihre Situation.	„Elf Jahre durften wir nicht einmal reinen Gewissens Opfer sein." (Z. 16 ff.)
Sie hinterfragt ihren Heimatbegriff.	Sie macht ihre Zugehörigkeit deutlich.	„Bin ich in Deutschland zu Hause? Ja, klar bin ich das." (Z. 28 ff.)
Sie benennt das Recht eines jeden auf freie Entfaltung.	Sie verweist auf das Grundgesetz.	„In unserem Land, in meinem Land, muss sich jeder frei entfalten können [...]" (Z. 35 ff.)
Sie appelliert, gemeinsam gegen Gewalt vorzugehen.	Die Gesellschaft muss Mut aufbringen und verhindern, dass es zu weiteren Morden kommt.	„Wir alle – gemeinsam, zusammen – nur das kann die Lösung sein!" (Z. 42)

Seite 46

6 In ihrer Rede bei der Gedenkfeier für die Opfer der Zwickauer Terrorzelle im Februar 2012 appelliert Semiya Şimşek, deren Vater ermordet wurde, an die Zuhörer, sich gemeinsam für ein gewalt- und rassismusfreies Deutschland einzusetzen.
Ihre Rede beginnt sie mit der Erzählung eines schönen Moments, den sie gemeinsam mit ihrem Vater erlebt hat. Dadurch bringt sie ihn den Zuhörerinnen und Zuhörern nahe und löst die Distanz auf: „Mein Vater erzählte gerne von seinen Träumen." (Z. 3) Ohne Übergang bricht sie den Erzählstil ab und konfrontiert ihre Zuhörerschaft mit der brutalen Realität: „Ein Jahr später war mein Vater tot." (Z. 8)
Im Hauptteil schildert sie zunächst die Situation, der sie und ihre Familie ausgesetzt waren. Nicht genug, dass der Vater ermordet worden war. Statt in Ruhe trauern zu können, wurde die Familie selbst verdächtigt, mit der Tat in Verbindung zu stehen:
„Elf Jahre durften wir nicht einmal reinen Gewissens Opfer sein." (Z. 16). Das Thema, ob sie sich nach allem, was sie durchmachen musste, noch in Deutschland beheimatet fühlt, beginnt sie mit einer rhetorischen Frage. „Bin ich in Deutschland zu Hause? Ja, klar bin ich das." (Z. 28 ff.) Gerade deswegen ist es ihr wich-

tig, hier vor Ort gegen die Täter vorzugehen, statt Deutschland den Rücken zu kehren. Dafür benennt sie das Recht eines jeden auf freie Entfaltung und erinnert daran, dass die eigentlichen Grundlagen unserer Gesellschaft durch die Mordserie ins Wanken geraten sind. Dabei betont sie durch die Wiederholung „in unserem Land - in meinem Land" (Z. 35) einerseits ihre Zugehörigkeit zu Deutschland und andererseits die Verantwortung, die jeder Einzelne trägt. Erst am Ende spricht sie die Zuhörerinnen und Zuhörer direkt an und betont damit ihren Appell an sie, gemeinsam gegen Rechtsextremismus vorzugehen: „Wir alle - gemeinsam, zusammen - nur das kann die Lösung sein!" (Z. 42)

Seite 50

2 d) ➚ s. Tabelle unten

3 *So könnte deine Lösung lauten:*
In seiner Rede, die Konrad Weiß am 23. Oktober 1992 vor dem Deutschen Bundestag hielt, äußert er nicht nur Kritik an der Gewalt, die die deutsche Gesellschaft durchzieht, sondern appelliert an jeden Einzelnen, aktiv gegen Gewalt vorzugehen.
Anlass der Rede waren gewalttätige Ausschreitungen gegen Ausländer und Asylbewerber. Konrad Weiß nimmt in seiner Einleitung hierauf Bezug, indem er mehrfach wiederholt, dass er sich für die Gewalt, die die Gesellschaft in seinem Land zulässt, schämt. Besonders durch die zahlreiche Wiederholung des Satzanfangs „Ich schäme mich" (Z. 1–4) verleiht er seiner Aussage großen Nachdruck.
Im Hauptteil kritisiert er, dass sowohl Ost- als auch Westdeutschland aus ihrer Vergangenheit nichts gelernt hätten. Er räumt ein, dass es

Beobachtungs-schwerpunkt	Beschreibung/Besonderheiten	mögliche Zitate (in Kurzform mit Zeilenangaben)
Inhalt	Kritik an der Gewalt, die die deutsche Gesellschaft durchzieht	„Eine der Ursachen des Unheils […]"(Z. 22 f.)
Redeabsicht	Aufforderug, gegen Gewalt vorzugehen.	„Unsere Demokratie, unser Land können wir nur […]" (Z. 32 f.)
Gedankengang und Argumentationsweise	• Scham über die eigene Gesellschaft. • Deutschland hat nicht aus der Vergangenheit gelernt. • Wichtigkeit von Zusammenhalt und Mut. • Gewalt zieht sich durch alle Bereiche des Lebens und wird von der Gesellschaft geduldet. • Appell an die Menschlichkeit, um der Gewalt ein Ende zu bereiten.	• „Ich schäme mich, in einem Land zu leben […]" (Z. 1 ff.) • „Weder die unbewältigte Vergangenheit noch […]" (Z. 7 f.) • „Jeder und jede in unserem Land […]." (Z. 13 f.) • „Wir dulden die Gewalt im Straßenverkehr […]" (Z. 26 f.) • „Unsere Demokratie, unser Land können wir nur […]" (Z. 32 f.)
Redestrategien	• Einbeziehung der Zuhörer	• „Haben wir Ostdeutschen […]" (Z. 10), „Wir dulden […]" (Z. 26), „Wir akzeptieren […]" (Z. 27)
sprachliche Besonderheiten	• Anapher • rhetorische Frage	• „Ich schäme mich […]. Ich schäme mich" (Z. 1) • „Und ist die westdeutsche Demokratie […]?" (Z. 11 f.)

Tabelle zu Seite 50, Aufgabe 2 d)

nicht einfach sei, als Einzelner gegen Gewalt vorzugehen: „Das beginnt mit scheinbaren Kleinigkeiten, die aber so viel Mut, Wachheit und Zivilcourage erfordern.“ (Z. 13 f.) Um die Relevanz des Einzelnen zu verdeutlichen, zählt er verschiedene Situationen auf, in denen sich jeder wiederfinden kann. Die Gewalt der Rechtsradikalen würde erst aus den kleinen Gewalttaten gespeist, die die Gesellschaft fast widerstandslos hinnehme und produziere: „Wir haben es nur ungenügend gelernt, Konflikte gewaltfrei zu bewältigen, im Kleinen ebenso wie im Großen.“ (Z. 24 ff.) Auch hier zählt Weiß wiederum verschiedene Situationen auf, um die Tragweite dieser Gewaltbereitschaft zu demonstrieren: Gewalt gegen Kinder, Gewalt gegen Frauen oder Gewalt im Straßenverkehr.
Er schließt seine Rede mit einem Appell an die Menschlichkeit: „Unsere Demokratie, unser Land können wir nur durch eine große Koalition der Menschlichkeit vor dem Rückfall in Barbarei und Totalitarismus bewahren.“ (Z. 32 f.) Denn nur das eigene Handeln könne die Gesellschaft vor der Gewalt schützen. Der Schlussteil der Rede steigert sich dahin, dass Weiß in Aussicht stellt, dass die Gesellschaft sich zurückentwickeln würde, wenn nicht aktiv gegen die Gewalt vorgegangen werde: „Wir werden uns gemeinsam in ihren Vernichtungslagern wiederfinden, wie es 1933 geschah, wenn wir sie gewähren lassen.“ (Z. 38 ff.)

Seite 54

2 c) *So könnte deine Lösung lauten:*
In ihrer Rede bei der Gedenkveranstaltung für die Opfer rechtsextremistischer Gewalt vom 23. 2. 2012 verfolgt Angela Merkel verschiedene Ziele. Einerseits will sie den Angehörigen der Opfer Trost spenden und ihnen ihr Beileid aussprechen. Andererseits will sie aber auch an die Gesellschaft appellieren.
Sie beginnt ihre Rede mit der direkten Ansprache der anwesenden Gäste. Dadurch bezieht sie ihre Zuhörerschaft persönlich ein: „[...] besonders aber: liebe Familien, die Sie einen Angehörigen verloren haben oder selbst einen Anschlag erleben mussten [...]“. (Z. 6 f.) Ebenso persönlich ist der Hinweis auf die Kerzen als Symbol für die zehn Todesopfer: „Zehn brennende Kerzen - zehn ausgelöschte Leben.“ (Z. 11)
Eine elfte Kerze stehe für alle unbekannten Opfer rechtsextremistischer Gewalt. Die Kerzen-Symbolik greift Merkel am Schluss ihrer Rede wieder auf.
Den Hauptteil ihrer Rede beginnt sie mit der Feststellung, dass die menschenverachtende Gewalt der Rechtsradikalen zwar unbegreiflich sei, ihre Ursachen jedoch ergründet werden müssen. Damit wendet sie sich an die Anwesenden, die nicht zu den Familien der Opfer gehören, und an die Gesellschaft im Allgemeinen: „Das sind wir den Opfern, das sind wir ihren Angehörigen, das sind wir uns allen schuldig.“ (Z. 31 f.)
Trotzdem bleibt sie in ihrem Tonfall persönlich und geht auf die Gespräche ein, die sie vor der Rede mit den Angehörigen geführt hat. Damit leitet sie über zu der schwierigen Situation der Angehörigen nach den Morden. Mit der rhetorischen Frage „Welche Qual ist es, wenn Nachbarn und Freunde sich abwenden, wenn sogar nächste Angehörige zweifeln?!“ (Z. 51 f.) verdeutlicht sie einerseits die Verzweiflung und andererseits ihre eigene Fassungslosigkeit.
Damit, dass sie den Familien ihre Hilfe zusichert und erklärt, wie die Behörden bereits an der Aufklärung arbeiten, demonstriert sie indirekt Stärke gegenüber den Tätern. Gleichzeitig nimmt sie Bezug auf den Artikel 1 des Grundgesetzes. Da die Angriffe sich auch hiergegen richteten, argumentiert sie, „waren die Morde der Thüringer Terrorzelle auch ein Anschlag auf unser Land.“ (Z. 79 ff.)
Deshalb appelliert sie an die Bürgerinnen und Bürger, den Staat bei seinem Schutz des friedlichen Zusammenlebens zu unterstützen. Dies beginne z. B. schon bei der Erziehung der Kinder zu einem verantwortungsbewussten Miteinander. Der Kampf gegen Vorurteile, Verachtung und Ausgrenzung müsse täglich geführt werden – „in Elternhäusern, in der Nachbarschaft, in Schulen, Kultur- und Freizeiteinrichtungen, in religiösen Gemeinden, in Betrieben.“ (Z. 91 ff.)
Durch die Aufzählung der verschiedenen Orte des gesellschaftlichen Lebens, in denen jeder sich wiederfindet, kann sich jeder persönlich angesprochen fühlen. Angela Merkel warnt zudem

vor Passivität und Gleichgültigkeit und zitiert den irischen Dichter Edmund Burke, um ihre Warnung und ihre Aufforderung, Verantwortung zu übernehmen, zu veranschaulichen.
Im Schluss ihrer Rede kommt sie wieder auf das Symbol der Kerze zurück. Standen die elf Kerzen am Anfang noch für die ausgelöschten Leben, ist die zwölfte ein Symbol der Hoffnung und Zuversicht für eine gute Zukunft.
Angela Merkel schafft es, in ihrer Rede sowohl den Angehörigen der Opfer gerecht zu werden, als auch an die Gesellschaft selbst zu appellieren. Gerade durch die sprachliche Gestaltung mit Hilfe von Symbolen, Anreden und Beispielen werden diese zwei Absichten während der gesamten Rede verdeutlicht.

Einen Erzähltext interpretieren

Seite 55

1 b) In der Textinterpretation soll schwerpunktmäßig auf das Verhältnis zwischen Daniela und ihren Eltern und auf die Erzählperspektive eingegangen werden.

Seite 58

2 a) Der Vater spricht mit Daniela nur über oberflächliche Dinge. Wichtiges, wie Danielas Leistungen in der Schule, fragt er zwar halbherzig ab, aber er geht nicht weiter darauf ein. Der Vater macht sich kaum Gedanken über Daniela. Er ist mit dem zufrieden, was er über sie weiß, und verspürt nicht das Bedürfnis, die Beziehung zu seiner Tochter zu intensivieren.

Seite 59

2 b) *So könnte deine Lösung lauten:*
Mann, immer wieder läuft es darauf hinaus, dass er eigentlich gar keine Zeit für uns hat. Warum will er Daniela bloß sehen? Doch nur, um mit seinem neuen Auto anzugeben! Besser wäre es, er würde mal etwas mehr Geld für Daniela zahlen. Davon hätte sie wenigstens was.
Er macht das doch bloß, weil er genau weiß, dass mich das ärgert, sonst würde er es ganz lassen. Die Entscheidung, dass ich das Sorgerecht habe, ist ihm doch nur recht, da kann er mit seiner Zeit machen, was er will. So viel zu Verantwortung. Der hat es leicht!
Vielleicht sollte ich mal versuchen, mich weniger zu ärgern und es Daniela auch nicht spüren zu lassen. Sie steht ja immer dazwischen, das ist nicht schön und auch schwer für sie.
Im Grunde soll er sich ja auch um sie kümmern, ist ja schließlich auch sein Kind. Schade, dass er ihr so offen zeigt, wie wenig Zeit er für sie hat. Das ärgert mich. Ich muss ihm das sagen, unbedingt, egal, was er dann denkt! Morgen rufe ich ihn an.

3 a) Daniela:
unehrlich (Z. 12: „‚Ja, ich hoffe es.‘“)
neugierig (Z.38 f.: „Daniela betrachtete ihn von der Seite, neugierig, wie einen Gegenstand.“)
stolz (Z. 89 f.: „Heinz war schon sechzehn Jahre alt. Sie war stolz darauf.“)
genervt (Z. 34: „Aus dem Radio erklang Volksmusik. Sie fiel Daniela auf die Nerven.“)
unsicher (Z. 100: „In ihrer Stimme klangen Zweifel.“)

Vater:
selbstverliebt (Z. 41: „‚In zwei Wochen werde ich vierzig! Aber alle schätzen mich jünger.‘“)
gutaussehend (Z. 39: „Sein Gesicht war braun gebrannt, sportlich. Der Schnurrbart stand ihm gut.“)
ungeduldig, desinteressiert (Z. 57: „Der Vater schien erleichtert. ‚Ich bringe dich nach Hause‘, sagte er.“)

Mutter:
unzufrieden und traurig (Z. 69: „Die Mutter zuckte bei ihren Worten zusammen.“)
frustriert (Z. 64 f.: „‚Ich möchte wissen, warum er eigentlich darauf besteht, dich zu sehen. Im Grunde liegt ihm doch nichts daran. Nur weil es das Gericht so entschieden hat und um mich zu ärgern.‘“)
überlastet (Z. 73: „‚Diese Kopfschmerzen!‘“)

3 b)

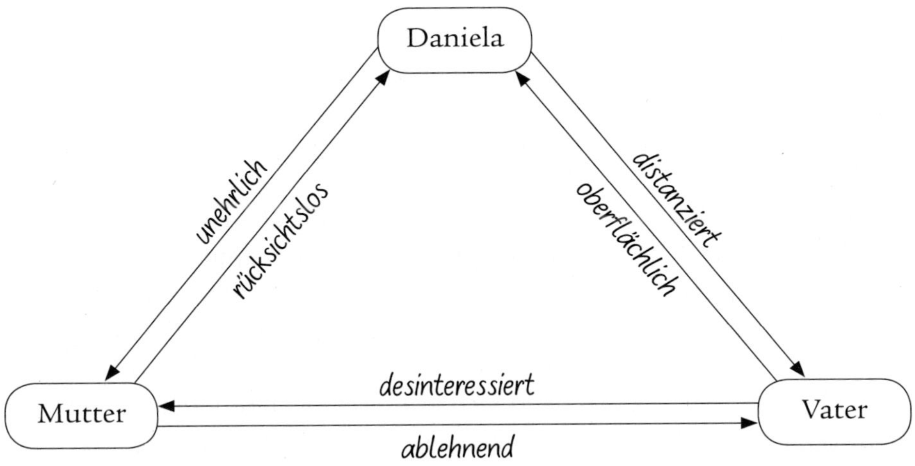

Seite 60

4 a) Daniela weiß, dass der Vater sich eigentlich nur mit ihr trifft, weil er es für seine Pflicht hält. Weder sie noch er haben dazu große Lust. Daniela mag ihren Vater, sie bewundert ihn, auch wenn sie denkt, dass er sich manchmal wie ein Teenager benimmt.

b) Dass Daniela und ihre Mutter kein gutes Verhältnis zueinander haben, zeigt sich daran, dass Daniela sie belügt, statt ihr von Heinz zu erzählen. Die Bitten, die die Mutter ausspricht, erfüllt Daniela (Kopfschmerztablette, Winterjacke), scheint aber auch nicht das Gespräch zu suchen.

5 a) und b) Der Text ist aus Sicht von Daniela geschrieben, es liegt also eine personale Erzählweise vor. Wir erhalten die Informationen über Vater und Mutter und über die Gesamtsituation nur aus Sicht von Daniela oder aus der wörtlichen Rede der einzelnen Figuren. Aus diesem Grund kann sich die Leserschaft sehr gut in Danielas Situation hineinversetzen und ergreift fast automatisch Partei für sie. Der Erzähler erreicht durch genaue Blickbeschreibungen (zum Beispiel als Daniela ihren Vater von der Seite beobachtet), dass die Leserschaft sich gut in die Situationen hineindenken kann, vor dem inneren Auge macht sich förmlich das Bild vom Vater auf.
Die personale Erzählweise rückt also den Fokus auf eine Figur, hier die Tochter, und das bedeutet auf der anderen Seite, dass die Leserschaft sich die Charaktere der übrigen Figuren durch eigene Überlegungen erschließen muss, da die Informationen über sie sehr einseitig sind.

Seite 61

1 a) Autor: Max Bolliger
Titel: Sonntag
Textsorte: Kurzgeschichte
Erscheinungsjahr: 1985

b) In der Kurzgeschichte „Sonntag“ von Max Bolliger geht es um das Verhältnis des dreizehnjährigen Mädchens Daniela zu ihren Eltern, die getrennt leben. Die Geschichte spielt an einem Sonntag, den Daniela erst mit dem Vater verbringt, dann nach Hause zu ihrer Mutter geht und sich schließlich mit ihrem Freund Heinz in einem Café trifft.

Seite 63

1 Danielas Mutter behauptet, dass ihrem Vater nichts daran liege, sie zu sehen: „‚Ich möchte wissen, warum er eigentlich darauf besteht, dich zu sehen. Im Grunde liegt ihm doch nichts daran. Nur weil es das Gericht so entschieden hat und um mich zu ärgern.‘“ (Z. 64 f.) Hieran kann man erkennen, dass Danielas Mutter dem Vater kritisch gegenübersteht. Daniela ärgert sich über ihre Aussage, obwohl sie ihrer Mutter insgeheim zuzustimmen scheint. Dies zeigt sich daran, dass sie sich selbst dabei nicht wohl fühlt, Zeit mit ihrem Vater zu verbringen. Um den Besuch im Restaurant zu verkürzen, verzichtet sie sogar auf den Nachtisch: „‚Nein danke‘, sagte sie, obwohl sie sich heute früh in der

Kirche ausgedacht hatte, Vanilleeis mit heißer Schokoladensoße zu essen." (Z. 28 f.)

2 *So könnte deine Lösung lauten:*
In der Kurzgeschichte „Sonntag" von Max Bolliger aus dem Jahr 1985 geht es um das Verhältnis der dreizehnjährigen Daniela zu ihren getrennt lebenden Eltern. Die Geschichte spielt an einem Sonntag, den Daniela erst mit dem Vater verbringt, dann nach Hause zu ihrer Mutter geht und sich schließlich mit ihrem Freund Heinz in einem Café trifft. Sie ist aus Danielas Perspektive erzählt.
Danielas Beziehung zu ihrem Vater ist eher oberflächlich. Der Vater fragt sie zwar nach ihren Schulnoten und ob sie einen Freund hat. Dass Daniela beide Male unehrlich auf die Fragen antwortet, scheint er nicht zu bemerken oder es nicht bemerken zu wollen. Statt beispielsweise ihre schulischen Probleme zu erfragen, redet er von seinen eigenen schulischen Erfolgen: „‚Für mich waren Prüfungen nie ein Problem', sagte der Vater." (Z. 15).
Daniela ist zwar neugierig auf ihren Vater, scheint aber nicht den Mut dazu aufzubringen, die Beziehung zu ihm zu vertiefen. (Z. 38 f.: „Daniela betrachtete ihn von der Seite, neugierig, wie einen Gegenstand.")
Das Verhältnis von Daniela zu ihrer Mutter ist ähnlich oberflächlich. Sie und Daniela führen kein persönliches Gespräch, sondern unterhalten sich über organisatorische Dinge wie die Finanzierung des Wintermantels. Auch Danielas Mutter weiß nichts von Heinz, Danielas Freund. Statt ihr die Wahrheit zu sagen, behauptet sie, sich mit einer Freundin zu treffen. Es macht Danielas Mutter anscheinend nichts aus, ihrer Tochter gegenüber schlecht über den Vater zu reden. Sie behauptet sogar, er würde Daniela nur sehen wollen, um sie zu ärgern. „‚Ich möchte wissen, warum er eigentlich darauf besteht, dich zu sehen. Im Grunde liegt ihm doch nichts daran. Nur weil es das Gericht so entschieden hat und um mich zu ärgern.'" (Z. 64 f.)
Der negative Eindruck der Beziehungen zwischen den einzelnen Familienmitgliedern wird dadurch verstärkt, dass die Geschichte aus der Sicht Danielas erzählt wird und nicht von einem auktorialen Erzähler.

Seite 67

1 b) In dem Moment, in dem Betty die Brieftasche nimmt, geht sie forsch und mutig vor („In diesem Augenblick fiel jede Scheu und Hemmung von ihr ab.", Z. 14), danach stellt sich für einen kurzen Moment ein Gefühl der Erleichterung ein. Als die alte Dame sie anspricht, fängt Betty an zu stammeln, was zeigt, dass sie auf einmal unsicher wird, schließlich sogar ängstlich („Sie hielt sich am Ladentisch, sie zitterte vor Angst.", Z. 25 f.). Ihre Angst steigert sich in Aufregung und Panik, sie bittet die alte Dame, ihr beizustehen (Z. 31). Bei der Konfrontation durch den Schutzmann wird sie zunächst verlegen („Das Mädchen stammelte ein paar Worte, die ihr selbst fremd klangen.", Z. 34), schließlich beschämt („Betty glaubte, in den Erdboden zu versinken.", Z. 38). Trotz ihrer Rettung durch die alte Dame ist sie vor Angst wie gelähmt („Sie sah die beiden Männer fortgehen, aber ihre vor Angst stumpfen Sinne erfassten es nicht.", Z. 41).

c) Die alte Frau lässt zu, dass Betty die Brieftasche nimmt, weil sie sie nur so vor den Folgen retten und auch an sie appellieren kann, nicht wieder zu stehlen. Die alte Dame hat Erfahrung (Z. 52: „‚Weil ich solche Fälle kenne [...]'"), und daher die Hoffnung, Betty auf den richtigen Weg zurückzubringen.

d) *So könnte deine Lösung lauten:*
In der Kurzgeschichte „Im Warenhaus" von Anna Drawe geht es um die mittellose Betty Warner, die einen Diebstahl begeht und die von der Warenhausdetektivin eine zweite Chance erhält.
Betty handelt aus Verzweiflung, als sie die Brieftasche nimmt. Zwar ist sie in dem Moment des Stehlens forsch und mutig, doch gleich darauf wieder verunsichert, ängstlich und beschämt. Nur die Möglichkeit, dass sie dem Anschein nach unbeobachtet ist, verleitet sie dazu, die Tat auszuführen. Zu der alten Frau, die sie nach dem Diebstahl anspricht, baut sie sofort Vertrauen auf und bittet sie sogar, ihr vor dem Polizisten und ihrem Diebstahlopfer beizustehen. Dadurch, dass die alte Dame die Brieftasche aus Bettys Handtasche nimmt, bevor der Schutzmann sie untersucht, wird Betty entlas-

tet. Erst danach gibt sie sich Betty in einem Gespräch als die Warenhausdetektivin zu erkennen. Obwohl sie Betty nicht kennt, fasst auch sie zu ihr Vertrauen, indem sie ihr eine zweite Chance gibt und dabei selbst ein Risiko eingeht, sodass sie für Betty einsteht. Sie lässt zu, dass Betty die Brieftasche nimmt, weil sie sie nur so vor den Folgen retten und auch an sie appellieren kann, nicht wieder zu stehlen. Aufgrund ihrer Erfahrung (Z. 52: „‚Weil ich solche Fälle kenne […]‘“) fasst sie Vertrauen zu Betty.
Ob Betty nach dem Vorfall weiterhin auf dem Pfad der Tugend bleibt, bleibt offen, ist aber nicht unwahrscheinlich. Betty ist eigentlich keine Kriminelle „sie war wieder das nette, rosige Mädchen, das in ihrem ganzen Leben kaum etwas wirklich Schlechtes begangen hatte.“ (Z. 16 f.); vermutlich wird sie ihre zweite Chance, nicht zuletzt wegen des beiderseitigen Vertrauens, wahrnehmen.

Seite 68

1 a)
auktorialer Erzähler:
Z. 7–11
Z. 14–19
Z. 26 f.
Z. 33
Z. 36–38
Z. 41 f.
Z. 45–50

personaler Erzähler:
Z. 1–6
Z. 12 f.
Z. 20–25
Z. 28–32
Z. 34 f.
Z. 39 f.
Z. 43 f.

b) nackt (Z. 7), stengeldünn, grün (Z. 8), finster, blau, fett (Z. 9), dunkel (Z. 10), blass, (Z. 11), unheimlich, schön (Z. 12), grünblau, schwarz (Z. 20 f.), vornehm (Z. 31), nass, scharf, krass (Z. 37), strahlend nass (Z. 39)

c) Die Mutter spricht das Kind nicht mit seinem Namen an, sondern bezeichnet es als Frosch oder Fröschlein (vgl. Z. 15, 26, 33 und 41). Dadurch wird der unnahbare und unheimliche Eindruck, den das Kind auf die Leserin oder den Leser macht, verstärkt.

d) Das Kind stellt sich vor, wie es durch die unheimliche grüne Farbe jemand Besonderes ist, auf den die Menschen neugierig sind (vgl. Z. 4 f.: „Bei mir werden auch alle Leute neugierig drauf sein, was ich unter den Handschuhen habe.“). Es fühlt sich wohl („Es patschte, […] schwitzte und schnaubte.“, Z. 18 f.) und denkt sich sogar Namen für sich aus: „Wie eine Schlange. Der Schlangenmann.“ (Z. 40) Außerdem weigert es sich, die Fantasie zu beenden („es hielt die Hände vor die Augen, denn dazu hatte es gar keine Lust!“, Z. 46 f.).

2 *So könnte deine Lösung lauten:*
In der Kurzgeschichte „Grün ist schöner“ von Gabriele Wohmann geht es um die Vorstellung eines Kindes, grün zu sein. Die Geschichte wird im Wechsel aus der Perspektive des Kindes und von einem auktorialen Erzähler geschildert. Das Kind beschreibt sich selbst als unheimlich, aber schön (Z. „Häßlich bin ich nicht. Nur unheimlich“, Z. 12). Durch die Verwendung vieler Adjektive, z. B. finster, blau, fett (Z. 9), dunkel (Z. 10), blass (Z. 11), beschreibt es sein Erscheinungsbild sehr genau. Es malt sich eine Zukunft aus, in der es zwar ein Außenseiterdasein führt, sich aber von den anderen abhebt und etwas Besonderes ist („Das Grüne wird mich natürlich von den anderen absondern.“, Z. 34), durch seine Rolle als grüner Mensch ist es vornehm (Z. 31). Dass die Gedanken des Kindes im Präsens geschrieben sind, macht sie besonders unmittelbar.
Die Textpassagen, die aus einer auktorialen Erzählperspektive geschildert sind, verstärken den Eindruck, dass das Kind tatsächlich grün ist. Einerseits geschieht dies durch die Mutter, die das Kind als Frosch oder Fröschlein bezeichnet. Andererseits wird das Kind nicht als Junge beschrieben, sondern mit dem neutralen Personalpronomen „es“. Auch die Handlungen des Kindes erscheinen wenig menschlich, sondern eher tierisch: „Es patschte sich schnell in die knisternden Schaumwolken, glitschte an der Wannenschräge hinunter und schwitzte und schnaubte.“ (Z. 18 f.)
Durch die Wortwahl und die unterschiedlichen Erzählperspektiven wird bei der Leserin /

beim Leser der Eindruck erzeugt, dass das Kind tatsächlich grün ist.
Diese Illusion wird erst ganz am Ende dadurch zerstört, dass die Mutter das normale Licht anmacht (Z. 47 f.).

Eine Gedichtinterpretation schreiben

Seite 72

5 Das Gedicht hat drei Strophen, die aus jeweils vier Versen bestehen.

6 a) und b) Das Gedicht hat in den ersten beiden Strophen einen umarmenden Reim (abba baab). In Strophe drei liegt ein Kreuzreim vor (cbcb).

Seite 73

7 c)
Die **An**dern **sind** das **wei**te **Meer.**
Du aber **bist** der **Ha**fen.
(Auffälligkeit: Anaklasisanfang)
So **glau**be **mir: Kannst ru**hig **schla**fen.
(Auffälligkeit: Hebungsprall)
Ich **steu**re **im**mer **wie**der **her.**

d) Das Gedicht weist zumeist einen regelmäßigen vierhebigen Jambus auf. Im zweiten Vers verschiebt sich die Betonung des ersten Versfußes auf die erste Silbe. Dadurch wird die direkte Ansprache an das „Du" hervorgehoben. Im sich in Strophe 2 und 3 wiederholenden Vers „Du aber bist der Hafen" hat der Jambus drei Hebungen. Durch dieses Metrum entsteht der Eindruck ruhiger Wellenbewegungen, da sich betonte und unbetonte Silben abwechseln.

8 Denn **all** die **Stür**me, **die** mich **tra**fen,
Sie **lie**ßen **mei**ne **Se**gel **leer.**
Die **An**dern **sind** das **bun**te **Meer,**
Du aber **bist** der **Ha**fen.

Du bist der **Leucht**turm. **Letz**tes **Ziel.**
Kannst Liebster, **ru**hig **schla**fen.
(Auffälligkeit: Hebungsprall)
Die **An**dern ... **das** ist **Wel**len-**Spiel.**

Du aber **bist** der **Ha**fen.

9 In der ersten Strophe stellt das lyrische Ich den Geliebten, den es als ‚Hafen' bezeichnet, den Andern gegenüber, die mit dem weiten Meer gleichgesetzt werden. Das lyrische Ich versichert dem Geliebten, dass es immer wieder zu ihm zurückkehren wird und der Geliebte beruhigt sein kann.
In der zweiten Strophe beschreibt das lyrische Ich, dass es von den ‚Stürmen', in die es geriet, unberührt blieb. Wieder wird der Geliebte als Hafen von den Andern abgegrenzt, die als ‚buntes Meer' bezeichnet werden.
In der dritten Strophen wird der Geliebte mit dem Leuchtturm gleichgesetzt und als ‚letztes Ziel' bezeichnet. Das lyrische Ich versichert dem Geliebten wieder, dass es immer zu ihm zurückkehren wird und er sich keine Gedanken zu machen braucht, da die Andern unbedeutend sind.

Seite 74

10 Hafen: sicher, zuverlässig, beschützend, stabil, berechenbar
Meer: abenteuerreich, spannend, abwechslungsreich, unberechenbar

11 der Eine: keine Adjektive
die Andern: weit, bunt

12 Der Eine wirkt sicher, zuverlässig und berechenbar. Er steht für Stabilität und das lyrische Ich kann hier Zuflucht suchen und wird beschützt. Die Andern sind spannend, facettenreich („bunt") und interessant, jedoch auch weniger berechenbar.

13 Mögliche Rückschlüsse:
ruhige Stimmung → Beruhigung des Geliebten (der möglicherweise eifersüchtig auf die Andern ist)
Metapher Meer → das lyrische Ich sieht, dass die Andern interessant und spannend sind, es fühlt sich zu den Andern hingezogen
Metapher Hafen → das lyrische Ich sieht den Geliebten als sicheren Zufluchtsort, zu dem es immer wieder zurückkehren wird
beruhigender Charakter → das lyrische Ich versichert dem geliebten Gegenüber seine Liebe, das lyrische Du ist evtl. eifersüchtig auf die Andern

Metapher Schiff → das lyrische Ich verlässt den Geliebten, um bei den Andern zu sein, jedoch weiß es, dass es immer wieder in den Hafen zurückkehren will
Metapher Leuchtturm → der Geliebte gibt Sicherheit, er weist den Weg

Seite 75

1 In dem Liebesgedicht „Für Einen" von Mascha Kaléko aus dem Jahre 1956 beschreibt das lyrische Ich seine Gefühlswelt mit Hilfe von Metaphern aus dem Bildbereich „Meer".
Die Sprache richtet sich direkt an ein lyrisches Du, das der Geliebte des lyrischen Ich zu sein scheint.

2 Das lyrische Ich versichert dem Geliebten in der ersten Strophe, dass es immer wieder zu ihm zurückkehren wird und der Geliebte beruhigt sein kann. Zur Beschreibung des Geliebten wird die Metapher des Hafens verwendet. Der Hafen steht für Sicherheit, Zuverlässigkeit und Stabilität. Die Bedeutung des Geliebten für das lyrische Ich wird daraus ersichtlich: Der Geliebte ist ein zuverlässiger Rückzugsort, zu dem das lyrische Ich immer zurückkehren kann. Das lyrische Ich kennt und schätzt die Stabilität des Hafens, fühlt sich jedoch auch zum „weiten Meer" (V. 1) hingezogen. Vom Meer, das als Metapher für andere Menschen steht, geht Faszination und Anziehung aus; es ist damit als Gegensatz zum Hafen zu sehen.

Seite 76

3 Positiv ist, dass hier das lyrische Ich klar vom Autor abgegrenzt wird. Die Interpretation, dass das lyrische Ich aussagt, dass es den Geliebten niemals verlassen wird, bleibt ungenau.

4 In allen drei Strophen beschreibt das lyrische Ich seine Beziehung zu dem lyrischen Du. Dabei bleibt es immer im Rahmen der Meeresmetaphorik (Hafen, Meer, Segel, Leuchtturm). Durch die direkte Ansprache wirkt das Gedicht trotz der bildhaften Sprache besonders unmittelbar.

Seite 78

1 b) mögliche Adjektive: harmonisch, gleichförmig, vertraut, ruhig

c) Das Gedicht besteht aus 12 Versen, die in drei Strophen gegliedert sind. Pro Vers gibt es zwei Hebungen und einen Auftakt - die erste Silbe ist immer unbetont. Weibliche und männliche Kadenzen wechseln sich ab. Das Reimschema ist der Kreuzreim (abab cdcd efef).

Seite 79

1 d) Die erste Strophe handelt von den beiden Liebenden (hier durch zwei Segeln versinnbildlicht), die gemeinsam die vertraute Umgebung verlassen. Die zweite Strophe zeigt, dass sich die beiden Segel im Einklang befinden. In der dritten Strophe wird diese Aussage intensiviert: Die beiden Segel richten ihre Handlungen aufeinander aus.
Eine mögliche Deutungshypothese: Im Liebesgedicht *Zwei Segel* von C. F. Meyer geht es um zwei Liebende, die in totaler Harmonie miteinander leben.

e) Nachdem die Segel in Strophe eins noch ganz gleichförmig agieren, wird in Strophe zwei klar, dass die Segel im Gedicht aufeinander reagieren. Dabei vollzieht das eine Segel immer die Handlungen des anderen Segels nach: Wenn eines sich im Wind wölbt, wölbt sich auch das andere. Dies wird in Strophe drei noch intensiviert. Beide Segel scheinen gleichermaßen zu agieren und zu reagieren - man kann demnach nicht von der Dominanz des einen Segels über das andere sprechen.

f) Im Gedicht *Für Einen* von Mascha Kaléko wird das lyrische Ich mit dem Boot gleichgesetzt, der Geliebte dagegen wird durch die Metapher des Hafens beschrieben und steht damit für Sicherheit und Geborgenheit, in die sich das lyrische Ich zurückziehen kann. Im Gedicht *Zwei Segel* von C. F. Meyer werden beide Liebende als ‚Segel' beschrieben, die sich gemeinsam den Gezeiten aussetzen. Eine gleichberechtigte Bewältigung der Situationen, die das Meer bereithält, steht also im Vordergrund, ein Rückzugsort wird nicht genannt.

g) Vgl. 1a) bis f).

Seite 80

1 b) und c) *So könnte deine Lösung lauten:*
Das Gedicht besteht aus zwölf Versen in drei Strophen. Das Metrum ist ein Trochäus, der abwechselnd vier und drei Hebungen hat. Im sechsten Vers wird das regelmäßige Metrum durch einen Hebungsprall bei „sie" und „glimmern" durchbrochen, sodass der Vers fünf Hebungen hat und „glimmern" deutlich herausgehoben wird. Das Reimschema der ersten Strophe ist ein Kreuzreim (abab), in der zweiten Strophe reimen sich nur der sechste und achte Vers (cded). In der dritten Strophe liegt wieder ein Kreuzreim vor, wobei der Reim „Kind"–„Wind" aus der ersten Strophe wiederholt wird (fbfb). Die Kadenzen sind in der ersten und dritten Strophe ausnahmslos betont (männlich), in der zweiten Strophe folgen auf eine betonte Kadenz drei unbetonte (weiblich). Sprachliche Besonderheiten sind zum Beispiel die Wiederholung der Überschrift „Muscheln, Muscheln", die insgesamt viermal im Gedicht vorkommt; ebenso der sich wiederholende Reim („Kind"–„Wind") und die Häufung des Wortes „Kind", das in jeder Strophe vorkommt, sowie die Ähnlichkeit der Strophen eins und drei und die Verschiebung des Tempus' im Gedicht von „findet" (V. 2) zu „fand" im letzten Vers.